谈教育

舒新城
谈教育

舒新城 ◎ 著

辽宁人民出版社

图书在版编目（CIP）数据

舒新城谈教育 / 舒新城著. —沈阳：辽宁人民出版社，2015.1

（名家谈教育丛书）

ISBN 978-7-205-08104-1

Ⅰ. ①舒… Ⅱ. ①舒… Ⅲ. ①舒新城（1893～1960）— 教育思想 — 文集 Ⅳ. ①G40-092.6

中国版本图书馆CIP数据核字（2014）第270665号

出版发行：辽宁人民出版社
　　　　　地址：沈阳市和平区十一纬路25号　邮编：110003
　　　　　电话：024-23284321（邮　购）　024-23284324（发行部）
　　　　　传真：024-23284191（发行部）　024-23284304（办公室）
　　　　　http://www.lnpph.com.cn
印　　刷：鞍山新民进电脑印刷有限公司
幅面尺寸：160mm×230mm
印　　张：12.75
字　　数：180千字
出版时间：2015年1月第1版
印刷时间：2015年1月第1次印刷
责任编辑：艾明秋　娄　瓴
封面设计：Amber Design 琥珀视觉
版式设计：姿　兰
责任校对：孙　静
书　　号：ISBN 978-7-205-08104-1
定　　价：25.00元

目　录

导读 梁启超早在一百多年前写下了《少年中国说》，其中有言："故今日之责任，不在他人，而全在我少年。少年智则国智，少年富则国富，少年强则国强……"舒新城先生早年经恽代英介绍加入少年中国学会，并从事教育事业，始终关注着青年的未来，也是国家的前途命运。这篇《中学生的将来》是舒新城先生多年教育经验的结晶。

中学生的将来

一

我这次到绍兴，是考察江浙皖三省的中等教育便道过此的，目的只在考察，所以没有预备讲演。我原定今日上午去杭州，因贵校开全体停课的辩论会，这是很难得的机会，所以留住半日改于晚间起行。方校长初约我和诸位谈话，我本不答应；后来听得辩论会诸位一番宏论之后，却倒有几句话要向诸位说说。这一次的谈话，可以说是临时的感想。在这感想之中，或者有些要开罪诸位的地方，还请诸位原谅。

二

今日谈话的题目姑定为《中学生的将来》，共分作四项讲：一、一般人与中学生对于中学生的观念；二、从统计上看出中学生的地位与责任；三、中学生将来的出路；四、中学生怎样解决自己的问题。现在先讲第一项。

中国有中学校的名称，以1898年上海南洋公学的附属中学为始，到现在不到三十年，时间上可算是很短。但中学生三字却有了特别的意义，就是中学生为"社会中坚人物"。"中坚人物"四字，在一般人看来，有下列几种意义。

（一）有充分的学识，能主持社会上各种事业。

（二）有良好的行为，能得社会上多数人的信仰，为多数人所依归。

（三）社会上发生事变时，能主持正义，指导群众。

（四）社会上有应兴革的事情，能以身作则，竭力进行。

（五）无论何时，均能以公众福利为前提，处处为公众谋幸福。

在中学生自身看来，除上述者外，还有几种特殊的意义如下。

（一）在学识上小学生知识较浅，不足以领导群众，大学生学识又太高，亦难为群众所了解而使之遵从，只有中学生间于二者之间，上有了解专门学识的基础，下又足以使群众了解其言行；民主国社会上的一切活动，都当植立于民众意志之上，中学生在一切活动中当然为重镇。

（二）现在社会上各种事业虽然趋重分工，但无论治何种职业，都要有充分的常识，中学生受了较高深的普通教育，常识自然充足，能担任较高等的职业，在职业界亦可为重镇。

（三）中学生因受过相当的教育，对于世界潮流、国家事变有相当的见解，并且系中产阶级，有余暇时间与闻政治。以其识力与地位可以左右国家政局，在政治上也可为重镇。

一般人与中学生自己对于中学生都有这样重视的观念，所以诸位辩论中谈到中学生对于社会国家的责任，与改造社会国家的意见很多。我坐在下面听着觉得很有兴味，并回想到十四五年前我在中等学校读书的时候情形——差不多也和诸位相同，不过所讲的是"排满"罢了——深与诸位表同情。

三

一般人与中学生自己对于"中学生"既然都有这样重视的观念，中学生对于社会与国家所负的责任很重，自然是不待言的。中学生在社会上所处的地位如何？应负的责任怎样？我们可以从统计表中看出来。据中华教育改进社去年（1923）的报告，全国公私立中学校（1922—1923）与教会中学校（1920）的学生共118598人，而全国人口据1922年（民国十一年）邮务局的调查共447154953人（京兆区之一县及蒙古与南满所属之一县及西藏未列入），差不多要4000人才有一个中学生，在数量上我们知道每个中学生是由4000人中间选择出来的，就是4000人中间的代表。古人说："智过十人者为杰，智过百人者为俊。"现在的中学生为4000人中之选，其智当过4000人，可称为杰中之杰，俊中之俊。中学生在社会上的地位既如此尊贵，无怪乎一般人都重视他。可是重视虽被人重视，但是责任却又小，因为4000人中只有一个中学生，其余的3999人虽然照统计上也占半个中等学生——如师范、甲种实业学生之类，共60206人——三分之一个高等学生——共34880人——可以负一部分责任，但他最少亦当对于3000人以上的行为、知识、生活种种方面负指导、改进的责任。诸君现在在校求学，有父兄供给经费，有师长指导学行，遇有问题，亦自命不凡的发些动人听闻的议论。殊不知真正到社会上做起事来，切实替3000人以上的行为生活各方面负指导改进的责任，却是很不容易。即就学校讲：校长为一校的主宰，对于学校要负较重的责任，但一校不过三四百学生，并有20以上教职员帮同治事，尚有许多不能使学生与社会上一般人满意的地方，倘使我们要实行去指导2000人，其困难更可由推想而知。由此我们知道负责是件不容易的事，替多数人负责，尤其困难。

中学生的地位与责任，一般中学生——尤其是现在的中学生——大概都会知道，至于怎样对于一般人负责任，与负责任困难的地方，却是许多中学生不大了解而且不大留意的。十四五年前我在师范学校读书，很留心国家的事变，并极欢喜讲"排满"，那时的神气，常以为"治天下易如反掌"，对于学校的规律生活不大满意，常作出越轨的动作。这十几年来，教育自然有许多进步，但中等学校的风潮，在报纸上还是"不绝于书"，有许多人以为"中学生"太坏，中学校太难办，因而发生消极的论调。其实中学生正是青年期，感情盛、欲望强，而对于社会上各种事业的经验又不十分充足，遂常凭理想作事。等到实际上发生困难之后，又极容易流于消极。倘无相当的指导，青年每因偶然的不幸而致遗误，这是我们负中学教育责任的人所当注意的。诸位现在还是学生时代。从今日辩论会中的言论看来，有许多与从前在中学时代的行迳相合，所以不揣冒昧，与诸君进一步谈谈对于社会上怎样负责的问题。

四

中学生要对于社会上负相当的责任，首先要问从何处下手。换句话说：中学生毕业后在社会上做什么事，有什么事可做。

若问中学生毕业后作什么？我想诸位将不迟疑地答复说升学。升学恐怕不仅是诸位大多数预期的目的，并是诸位的家长遣诸位进中学的目的；或更可以说：升学是社会上一般人对于中学生的期望，并是主持中学教育者的目的。但实际上这目的能有若干达到，我们且再从统计表上去研究。

据中华教育改进社统计，全国高等学生共34 880人，中等学生，包括师范、甲种实业等在内——共182 804人。以此比例计算，中等学生升学的可能量只有19%，即使甲种实业与师范学生的升学者较中学生少，但以二分之一为比例，中学生的升学可能量还只有23%。其余77%又怎样？由此我们可以得出两个结论：

（一）一般人与中学教育家、中学生平日以升学为中学生惟一出路的观念要打破；

（二）现在的中学应当怎样改革？

这两个结论，是提出来供主持中学教育者与中学生作参考的，我们可以不必深论，现在且再研究这不能升学的77%在社会上做些什么？

这不升学的77%到底在社会上做什么，因无精密的统计，我们当然不能为确切的断定。不过就我们日常经验所及与一部分统计的情形看来，不升学的中学毕业生，大概有下列几种出路：

（一）小学教师，包括塾师、初等教育机关各项职员与县教育行政人员；

（二）出版业、新闻业的中级或高级职员；

（三）高等教育机关或行政机关的佐理员；

（四）工商业界的中级职员；

（五）乡绅；

（六）军士；

（七）小政客、小军阀——即依傍下等政客与军阀为生的无业流氓。

以上七项虽然不能包括未升学之中学毕业生的出路，但大致却相去不远。今年这两个月之间，我曾考察过公私立与教会设立之中学三十余处，每到一校，都给一种调查的表格请学校填写，现在虽未详细统计，但各校未升学之学生出路，差不多均以服务于小学教育界为最多。据徐州江苏第十中学的精密统计，升学与作小学教师的人数相等——毕业共90人，升学与小学教师各25人——就服务于教育界的总数计，反超过升学比例7%——另有服务于教育界者6人，合占34.4%，升学只有27.7%——占未升学者总数的二分之一。该校在江苏师范教育发达的地方，升学量又超过均数，服务于教育界者尚且如此，其他师范教育不发达与升学不便的僻远地方的情形，可以推知——据我个人经验所及，中学毕业生之服务于教育界，除沪宁杭各地特殊的中学校外，大概都达到未升学者总数二分之一上下。

中学毕业生服务于教育界者既然达未升学者总数二分之一上下，则其余二分之一分配于第二种以下之六种出路为数当甚微，似乎不发生什么问题。可是这几种出路却不如"服务教育"之全国相似——比较的——而有地域的区别。中学毕业生之在出版界新闻界作职员者，以江苏、浙江两省为最多——因上海间二省之间，而为全国出版与新闻事业之中心——各大都会如北京、天津、汉口、广州等次之，文化较发达之各省都会又次之。至于边省的都会与内地旧日府属之中学毕业生则绝对无参与此类事业之机会。同在出版界与新闻界服务，而职务有高下者：一因各人能力有高下，二因地方文化有优劣。

中学毕业生在高等教育机关与行政机关来佐理员者比前项较为普遍；但在行政机关服务者又以内地为较多。这是因为：（一）由于人才的缺乏；（二）由于内地父老"读书求官"的旧观念重。

中学生的第四项出路仍以交通发达的区域为多，因为中国本是小农制度的国家，近数十年来与欧美交通，交通的都市始受其影响而有一部分新式的工业与商业，可以容纳一部分"学生"的职员；内地则无此需要，而且父老因交通不便之故，对于"读书求官"的成见不破，中学毕业生即要入工商界，亦非环境所深许。虽亦有从事于此者，但只能看作例外。

乡绅更是内地中学毕业生的重要出路：交通区域的中学毕业生虽也有作乡绅的，但因为教育发达之故，中学生在社会上的地位尚未见得"登峰造极"，而且比较易于寻谋职业，亦无暇专门作乡绅。内地教育不发达，中学毕业生在地方上常为最出色的代表人物，可以支配地方上事务，加以中学校现在尚以旧日之府属为单位，学生求学都要集于都市，生活较乡间常高数倍，家庭能遣子弟入中学者，大概家资比较充裕，父兄在地方上也大半是有脸面的人；子弟毕业后，因无生计上的压迫，便"席先人之余荫"而为不生产之"团首""团总""区总""市乡公所职员""县议员"等等。纯良自爱者为地方上"排难解纷"，不良者依附势力，刮诈乡民。此种现象湘西湘南之各县极普通，故敢断定内地中学毕业生多以此为出路。

中学毕业生充当兵士，好像是极不近情理的事情，因为就普通的现象讲，中国现在的"军人"，几为人人所痛恶的东西，而以中学生为尤甚。今日辩论会中有以"裁兵"为题目，讲得兵的弊害，固然是"痛哭陈词"，就是其他诸人的演讲，有牵及兵的地方，也有"发指"的气概。诸位既然深恶"兵"，其他中学生也大概相似。何以毕业后而有充当兵士的。但由江苏第十中学的统计，九十个毕业生中有三人作军人的，已占毕业生总数三十分之一；而我在吴淞时的三位河南毕业生之中，竟有两人投入冯玉祥军队之下充兵士。他们充当兵士的历史很可以供中学教育者与现在的中学生之参考，故更为简单述之：他们并不是夙意要作兵士，也并不是不痛恶军人，家庭境况都很好，更不是要靠当兵维持生活的。他们是因为毕业之后，屡次投考大学不取，归家既有"无面见江东父老"的情绪——并且在都市生活惯了，回去虽无衣食之虞，却也过不惯素朴的生活——谋他事既无适当的能力，又无适当的机会，寻思不已，只有充不费资本，不要专长的兵士为最后的解决——学校十余年的教育，学生若干年的志愿，竟不能战胜短期环境压迫的势力，中学教育家与中学生可不注意吗！

以上中学毕业生五种出路之中，前三项可称是正当的职业，后二项不能列入职业之中，但在某种范围以内，还于社会有多少裨益——如乡绅调解是非、改良乡民，兵士防御盗匪、捍卫国家之类——至于小政客、小军阀完全以依傍自私、自利的政客、军人，以挑拨是非、扰乱治安为生活的途径，无论在何时，无论治何事，都是有妨社会秩序，使人民深受痛苦的。这种人似乎不应当有中学毕业生，但在政局不定的省分中却是常见的事实。他们所以要作这种不为社会所重视的人，却不是始愿如此，也是受环境的影响而然的。换句话说：他们在中学毕业了，自己认识自己在社会上的地位，因政治的不安，既不能归家作"好百姓"，又无"治生"的专长，加以"读书求官"的观念印于脑中，与政治舞台上的"人"的印象——即执政者无特殊学识，只乘机会取得高官厚禄——之诱导，遂不惜牺牲其平昔的主张与志愿，而随波逐流的想过不劳而获的愉快生活，结果便走入这条路了，实际上他们还是可怜的！

已往的中学毕业生的出路与对于社会上所负的责任如此，现在的中学生，虽然不必尽如"前辙"，但由此也可以推知将来可走的路径的倾向。这一段谈话在实际上或者对于诸君有些裨益也未可知。

五

已往中学生的出路我们大概知道了，现在要问以后怎样走法：抄现路呢？还是改变方针？据我所见，现路虽不都是绝对不可走的，但实际上却不易走，兹略为分述于下。

中学毕业生除升学者外，以做小学教师者为最多。这种现象，无论在个人在社会都是很不经济的：因为小学教育是与国运最有关系的，担负此项责任的人应有适当的训练，才可以收应收的效果，中学生既未受师范教育的训练，骤然担任小学教师，自然有许多难于措置的地方，而中学生牺牲其原有的志愿——入中学者大概志在升学——去作夙志不甚愿作的事情，精神上的损失也很大。再退一步讲：即使中学生于毕业后要去做小学教师，因平日所受的训练不同的原故，能力亦不能如师范生，偶然就职，能在学术竞争场中永久立足吗？还是一个很大的问题！其次在工商界作事，学识技能都不及实业学校的学生，虽说是正当的路径，但实际上却难于胜任。

此外，前面所举的第七条路——小政客、小军阀——是绝对不可走的，第五、第六两条路——乡绅、军人——亦可以不必走，因为中学生为四千人中之杰出者，固然不可作扰乱社会的事情，并应当有直接或间接的生产的职业。第五、六两条路，虽然有时也于社会有裨益，但终非生产的事业。这样，中学毕业生可走的路为第四、第五两条——出版界、新闻界作职员，高等教育机关与行政机关的助理员——可是要干这些事情还有几个条件：

（一）知识上要常识丰富、本国文字优长，有一种能看外国文书籍的能力；

（二）行为上要能负责、耐劳；

（三）态度上要能和蔼处群。

倘若不愿走这两条路，而要走第二、第四两条路亦未尝不可，但在学校时便决不可泛泛然过去，或专门作预备升学的工夫，应当于预决定个人志愿，于选课时注意教育或工商业的科目，并随时练习其基本技能。

近来许多中学生开口便是国家大计、社会问题、某主义、总解决、牺牲、奋斗种种空荡而抽象的论调，对于个人立身的根本问题，反以为是卑不足道的事情。及至与社会实际接触的时候，因平时无适当的预备之故，往往发生极不好的两种现象：一、因物质欲望过高，生产能力不足以副之，于是作不正当的事情，不恤牺牲他人、扰乱社会以达其不当有的目的；二、不胜环境的压迫、流于消极的厌世，甚而至于自杀。我们深知道现在社会不良，应当改革的地方极多，但改革要有方法，要有入手的地方，若徒空谈改革是无用的。有许多人主张先从社会总解决做起然后及于个人，我则以为社会是由个人构成的，社会对于个人诚有很大的影响，但要自侪于社会改革家之列，却非先从个人做起不可。个人最要的根本问题，是有正当的职业：一面能解决个人的生计问题，不使社会受累，一面能增进社会的生产率，便个人救助社会。倘使自己无适当的生产能力，生活上站脚不住，空言社会改革，结果不仅使社会受累而已，并且不能战胜环境的势力，而为环境所屈服，所谓"改革"，反成"同化"，到底有什么用处！

有人说：倡言社会改革的人，应当从大处着想，何必在这区区个人生计问题上计较；况且"劳心者治人，劳力者治于人，治于人者食人，治人者食于人"是我国固有的明训，又何必注意于此。其实这种"读书求官"的传统观念，就是我国社会上致乱的重大原因。试想大家不治生，社会上的生计，到底怎样维持？亡友杨君从前亦曾极力主张无职业的人不当搀入革命团体；某君谓中国的学生大半都是预备将来做内阁总理宣布大政方针的大人物，从不想到怎样做事务官，所以国家一切事务都无秩序，都无系统。这两义很可以供我们参考。换句话说：我们要为社会改革家，必得自己有正当的职业；要做主持国政的大人物，必先知道各部分的小事情。这是从下而上的办法，诸位或者以为是老生常谈，但现在许多的中学生却很需要这种"常谈"。

以上是讲中学生要为社会尽责，自己要先有适当的职业，在社会上能站得住脚；解决问题的方法是在学生时代决定志愿，预备适当的学识与技能以便他日应用。其次还有两事在一般中学生中也是问题：（一）怎样满足知识欲；（二）职业怎样才与地位相称。

现在的中学校既是以升学为主要的目的，中学生之入学校，便有升学预备的志愿，实际不能达到目的以后，心里特别忧愤，有些甚至于走入极消极的路子。其实学问不尽由学校得来的：有机会能升学，固然很好；即无机会或家境不能升学，于毕业后，一面在社会上服务，一面继续自己努力研究，也未尝不足以得适当的学问。我们还要知道：学问是经验的积累；在学校读书不过是间接取得他人的经验，与社会各方面实际接触，对于自然界、人事界各种现象，随时加以观察、实验，才是直接的、最可宝贵的经验；而且中外的学问家如达尔文、梁启超之流全是自己继续努力得来的——即我现在这点知识也大半是自己于离校以后求得的——只要我们有求学的方法（此当另讲）。把宇宙当作一个大学校，继续不断的努力研究，虽不敢说一定比升学的知识高，但亦可满足个人求知的欲望。升学既不是唯一求知的门径，不能升学者又何必不自己努力而徒然作无谓之懊丧。

我国因政治关系，社会上一切事业都无秩序，有才不见用者固然不少，但也有许多青年，不问自己能力、不肯耐苦，而专为地位上之计较以致无事可作的。这却不能不望青年自己反省。现在许多工商业地方不愿用学生，即我自己去年暑假有事请人相助，也经过三四个中学生不能成功。所以不能成功的原因，就是"自视过大、不肯耐劳"八字。其实到社会上无论作何种事业——资本家在外——都没有不费力的，而且任作何事都要有相当的经验，始能不坏事，初由学校出来的中学生既无治事的经验，自不能不从小处练习起。倘若自视过大，不肯任劳、不肯作小事，无论初入社会的信用不足，无人以大事相托，即有之，也以无经验故而无所措手足；若果对于小事负责，逐渐积累经验，逐渐扩充能力，时间稍久，自然有大事可作。

我们再进一步问许多青年何以自视过大、不肯小就,大半是由于物质欲望过高,小就不足以达其挥霍的目的,几经波折之后,遂致于不惜牺牲公众福利以谋个人愉快。这一点我们可以说是历来读书人的贵族观念所误。所谓读书人者是"治人","食人"的阶段,生活必定要特别优于一般平民。加以现在的中学校大半都设立于都市地方,在都市奢侈惯了,过不得乡间朴素的生活。所以许多青年,在未入中学以前,乡间的房屋可以安居,数十里以至数百里的路程可以徒步,放牛炊饭等事可以自作,蔬菜糙米可以安食;等到中学毕业以后,自视地位甚高,生活也因而提高,从前所能安居、安食、徒步、自作者,现在均非改革不可,而有居必华屋、食必珍馐、出必高车、事必供张之概,区区自费劳力之小事情,自然是不愿干了。其实中学生为四千人中之特选,在责任上虽当为社会造福,但实际还是一个平民:凡平民能过的生活中学生也可以过,凡平民能耐的劳苦,中学生也应当耐。况且改造社会应有"先天下之忧而忧,后天下之乐而乐"的精神,吃苦固然是应当的,干小事更是了解社会情形的方法,又何尝不可作。所以

(一)处己须具平民的精神,治事须耐劳负责;

(二)以宇宙为大学校,继续不断地研究学问。

自己有上述的精神治适当的职业,先在社会上立得住脚,一举一动,都可使社会上发生好影响,那时就不说改革社会,社会已蒙其福,社会问题的大部分即已在个人问题中解决了;倘若不务实际,专重空论,一与社会接触,个人主张即将失其重力,尔时不仅个人问题不能解决,即改革社会的热愿也将付之东流了!

这些大半是我七八年与中等男女学生接触的夙感,今有机会得与诸君谈谈,或者有不免开罪的地方,还请诸位原谅!

1924年

导读 办教育要先定目的，目的偏了，方法自然也会偏；目的错了，方法自然也会错，所以无论谈教育，还是谈其他，正确的目的都是首要的。

什么是中国教育的目的？

自民国成立以来，内政日坏，外患日逼，一般人都觉得这样下去，势必至于亡国，于是注重提倡教育拯救国家，故教育日有起色。但要以教育为救国之方法，应当先明白我国的最大缺点在什么地方，怎样才可以救得起来。换句话说，就是办教育要先定目的。可是我们从报纸上所载的新闻及问题看来，大概可以归纳为四项：一、推行新学制；二、学校升格运动；三、学潮；四、教育方法。四项之中，尤以关于教育方法之新闻及问题为最多：设计教学、道尔顿制、各种测验的事实与问题，几于无日无之；差不多全国教育界知名之士，大概都注其全力或大部分力量于教育方法之上，而少见有人研究教育目的。

教育方法，是办教育的工具，在现在科学时代，做事自然不能不讲究效率；要讲效率，自然不能不研究教育方法。不过目的未定，教育方法不管讲得怎样好，终是效用很少，因为办教育如航海一样，由沪放轮至美，不先预定路线照着走去，不论舵工怎样练达，进行速率怎样快，总要在太平洋中乱转，不能达得彼岸；或中途遇着机缘，撞着正当的路线，虽然可以达到彼岸，但这是偶然的，不但费时，而且侥幸前进，危险万分。我国教育界正是这种现象：大家讲办教育，大家研究教育，大家提倡教育救国，但问主持小学教育、中学教育、大学教育者所以办小学、中学、大学教育之目的到底何在？问提倡教育救国的人究竟要怎样的教育才可以救国？我恐人家都瞠目不知所对——我就是不知所对的一人。因为这几年来，一般教育者固少有人注意及此而下切实的研究功夫，即教育团体如全国教育联合会、中华教育改进社，也都把最大部分精力用于教育方法之上。我记得《新教育》的封面上，曾印有"养成健全的个人，创造进化的社会"两句话，有许多人把它当做教育的宗旨，但在中华民国之下，要具备几个什么条件才算得健全的个人，要具备几种什么现象才算得进化的社会，却没有具体提及。至于全国教育联合会议决而由政府公布的新学制，虽然有七条标准，都是属于学校系统方面的，并不是教育宗旨；新学制课程标准起草委员会延请专家拟订的课程纲要，虽然各科订有目的及最低限度，但是属于科学本身方面的，并非各级教育的目的。这一次全国教育联合会在云南开会，议决成立三十个案件，又大半是属于教育方法的，始终没有提到教育目的。说各级教育目的已经厘定了罢，我实在找不着厘定的东西在哪里；说教育目的不要厘定罢，谁也不敢相信；说中国地大物博不能厘定一定的目的强逼大家照着走，只好让大家办学校的人各自为政罢，则一国的教育失其统一的目标，国家内部要自己分裂。我想教育者，尤其是提倡教育救国的教育者，必不愿有此现象。这样无目的而徒讲方法的教育，前途实在危险。

我并不是要教育者不注重方法，只以徒有方法而无目的，犹如航海无预定的路线，终要在海中乱转，空费时间；以我国才、财如斯之艰难，实经不起过量的耗费。故我敢以至诚的精神唤起大教育家的注意，希望大教育家分途做事，费一部分精力于教育目的上，不要大家都把全副精神用在教育方法上。至于教育目的之厘定，要根诸国情民性，要切实从事实上研究，既不是空言所能办到，也不是短时间少数人所能办到；异日当再贡其一得之愚。

1924年

导读 舒新城的很多文章，都经过了长时间大量的考察，因此具有很强的说服力。舒新城先生写本文时的背景，是职业教育盛行的时期，各种有关职业教育的鼓吹和运动此起彼伏，舒新城没有随波逐流，而是以更为客观的论述及系统的考察，指出当时职业教育的弊端。

中学职业指导的先决问题

一

近来国内的教育家受了美国教育各方面的影响，有大部分人注意于提倡职业教育；上海的中华职业教育社言论鼓吹之外，并在东大附中、江苏一中等中学校为实际的职业指导运动。他们这种热忱，我们除钦服之外，当然没有话说。可是热忱是热忱，由这热忱所发出的运动，实际上对于中学生是否有裨益，还是一个尚待研究的问题。所以我敢在此中学职业指导呼声最高的时候，说几句不入耳的诤言，或者也许为明达的教育家所乐闻！

我不反对中学的职业指导，更不反对职业教育社的职业指导运动。在今日的中国，无职业的盗匪充塞四郊，日事劫掠，闹得民不聊生，固然非提倡职业教育不可；即一般中学生于毕业以后无法升学，退为游民，亦非切实提倡职业教育不可；而且在某时期，我自己也曾在某某中等学校，实行提倡过职业指导。然而从我个人的经验与近年来考察其他实施职业指导所得的结果看来，实不能不使我怀疑于中学职业指导之效率如何，更牵及我反省到这种职业指导的方法是否适用。此一问题积蓄于我心者数年于兹，总未得适当的解决；今年泛游江、浙、皖、湘，考察中学教育，更注意于此，曾随时与中学教职员及学生为个人或公开关于此问题的谈话。所得的印象大概如下：

属于教职员方面者：

（一）不易知道学生对于职业兴趣之所在；

（二）学生不感职业之重要；

（三）设法调查学生个性以后，无适当之职业可以满足其需要；

（四）社会上各职业界不相信中学生，学生中有愿就职者，常无适当的位置安插他；

（五）职业界偶用学生，学生又常以嫌其劳苦或薪资过薄不愿就，或就而不能久于其事；

（六）中学校对于学生毕业以后之出路既无法负责，只得听学生自由生活！除一部分升学——据中华教育改进社之统计，中等学生之升学量只百分之十九上下——及作小学教师外，余则多流为无业流民——详见《中学生的将来》。

（七）因社会与学生对于职业无确切之要求，即在学校实施职业指导，亦不过多添一种抽象的课程而已，实际还是没有多大效益。

属于学生方面者：

（一）入中学原以升学为目的，在学校除预备升学科目——国文、英文、数学等——并不注意于职业课程，且亦无于毕业后谋职业的志愿；

（二）因家境或他种关系，毕业后预备入职业界，但学校并无真正可以谋生的职业课程，更无职业的训练，即要谋职业，亦无适当的能力足以达其目的；

（三）现在社会上各种职业对于职员的待遇既薄，责难又周，中学毕业生加入其间，生活习惯既不相合，收入亦不足以维持生活；且中学生为社会中坚人物，更不屑小就，所以与其就小事自卑身分，不如赋闲；

（四）实在为生计所迫，不得不就职谋生，但以志不在此，只得过且过，静待机会，结果总难久于其事；

（五）中学生在乡间原为特殊的人物，为保存体面计，应当在外作官、干大事，最小亦当在地方上作绅士；

（六）职业指导科目不过是一种关于职业的常识，实际上并不能解决问题。

以上各种言论是我在各处常听过的，一般中学教育者深知这样办中学，结果不知将"伊于胡底"，中学生也深知道这样在中学求学，前途正是长夜漫漫，但大家都想不出解决的方法。所谓职业指导，也有许多学校实施过，许多学生亲聆过，然而结果还是无大效益。果真职业指导无用吗？不是。我常把职业指导比英文文法，职业比英文生字；倘若学英文的人认不得几千个生字，教师天天教他学什么名词、动词、形容词等等怎样用法，学来学去，还是一套空架子，还没有适当的字句发表意思。中国中学现在的职业指导正如未认生字专学文法而妄想作文一样，走不通又何足怪！

从上面所述的情形看来，我们知道职业指导在现在的中学校无何种效益，不是职业指导不适于中国中学，乃是（一）中国社会上的职业不发达，或者可以说中国社会上的职业不是欧美各国的职业，美国那种偏于工商的分类指导方法在中国中学不能充分利用；（二）中学生目的不在谋职业，技能不足谋职业；（三）学校不能得社会的信仰，间有能在职业界服务的学生，亦不能加入职业界。第一与第三两种原因，是属于教育制度方面的问题，即中国是否应完全采用欧美强国的学校制度的问题；第二种原因属于学生态度问题，即中学校学生应训练对于职业具何种态度的问题。简单说，中学校施行职业指导，应先注意于：

甲、学校制度问题；

乙、学生态度问题。

二

中国的中学校何以不能得社会信仰？在许多复杂的原因之中，学校制度不适于中国国情当是一个重要原因。中国的学校制度，无论从前模仿日本，现在模仿美国，乃至于将来模仿英法各国，都不能适合国情。因为世界各文明国现行的教育制度，是工商业社会的产物。一切组织都有几分工场化——如班级制大批的制造学生——师生间的关系也有几分商品化——如教师受学校之聘发卖知识，学生对学校出一定的代价买知识，学校俨如一交易所——而英、法、日、美的社会组织原以工商业为本位，所以这种工商化的学校制度可以行得过去——但不能说绝对有利——中国的社会组织以农业为本位，而且是小农制度，人民的生活习惯几全然与英美各国相反；虽自海通以来，国民的生活习惯不能不受工商国家的影响，但以幅员太广，交通不便之故，受影响者亦只交通便利的一小部分都市人民，最大多数的内地农民还是照几十年乃至几百年前的生活习惯生活下去。可是我国变法时候的执政者因急欲图强之故，不问日本何以可模仿德国的原因何在，贸然欲于最短期间内将中国的历史打破，社会环境打破，使之立即由小农制度的社会而改为工商业的社会。所以中国历史上遗传下来的教育制度——书院制、私塾制——乃至于教育精神——师生如父子的关系——都完全推翻（我并不以为书院、私塾不当改，只以为其组织与精神系小农社会的产物，不当完全推翻；至于何者当保存，何者当排弃，当另文讨论，不在本篇范围之内）。于是昔日学生在家诵习一面读书一面辅助家庭农作者，今则非完全入学校不可；昔日学生于农忙时可以回家帮忙，农闲时专门求学者，今则农忙不能离校，而农人最闲之暑天反使学生有极长的休息；昔日无要事不能放学者，今则每七日须有一日无上帝可拜之礼拜日为休息时间；昔日学生可按家庭境况纳学费者，今则无论贫富，非纳一定之学金不可；昔日子弟因家贫可在家宿膳或有"膏火"为津贴者，今则中等以上学生以至高小学生都非自备一定的费用入学校寄居不可；昔日僻县穷乡遍设书院、私塾，学校与家庭生活程度相去不远，小农的父兄还可以担负其子弟在学校的生活费，今则中等以上学校都设在都市的地方，而都市生活常高于乡村生活数倍以至十余倍，一学生之生活费常可以供一家之用而有余，乡村中人之产竟不能担负其子弟在校的生活费。这种"绝尘而奔"的办法，在中国教育史上诚可以称一种革命，可是与一般人民的生活习惯相距太远，学校的一切设施都不免与社会格格不入；加以一般教育者不注意于调查社会现象，适应社会需要，设法引导社会前进，有时更至于背道而驰，无怪乎社会不信赖学校。社会既不信赖学校，即使学生有适当的能力可以在职业界服务，社会亦将怀疑而不敢用；何况现在一般中学校的设施与课程，都只注意于工商社会的升学预备，而不注意于职业上的技能训练；更何况中国社会上职业的种类与欧美各国相去太远！

现在实施职业指导的人何尝不说：某种学生宜于商业之领事；某种学生宜于商业之银行、会计、公司；某种学生宜于农业之种植；某种学生宜于农业之畜牧；某种学生宜于新闻，或宜于打字，或宜于书牍；某种学生宜于管理工场，或宜于印刷，或宜于制革，或宜于照相。乃至于其他欧美各国社会上所有的职业，在理论上都可适宜于指导学生使之选择，学生的个性也都各有所适。可是中国的社会上并无如许复杂的职业；我们自然有商业，但除极少数的都市外，还是徒弟制，银行、公司等等新方法，不独用不着，甚且连名称都还不知道；我们也有农业，但都是利用人工水利为耕种之具，不用机械耕种；我们也有工业，但除极少数的都市有工厂利用机械为大批的制造外，最大多数还是手工业时代；至于新闻、秘书等等事业虽属中学生适当的职业，但实际上为数更少。以中国社会这种情形而要急起直追将欧美职业指导直接施之于中学校，无怪乎少见效益。

关于农工商业上之各种新方法、新知识，我们自不能不努力学习以为改良本国农工商业的预备。倘若只注意于新方法、新知识之研求，而把本国社会现状置之不顾，即欲改良，亦无从下手；而况现在的中学校连欧美职业界之新方法与新知识，亦未曾加意灌输，加意训练。这样的实施职业指导，对于学生与社会又何能发生影响。这是关于中学组织、中学课程所不可不研究的一个问题。

<h2 style="text-align:center">三</h2>

以上是说中国中学的组织与课程不适应于社会需要，逐致实施职业指导无多大效益。此外学生态度问题与职业指导的效率亦有极大的关系，更为我们所不可不注意。

中国中学生对于职业不感兴趣，是一种很普遍的现象。其原因大概有下列几种：

（一）社会风俗问题；

（二）经济问题；

（三）个人习惯问题。

读书人——士——在中国是一种特殊阶级；既不生产，并要支配农工商的三阶级。"劳心者治人、劳力者治于人"为数千年来社会上的信条。所以农工商之子弟，一经读书，便弃其家庭固有之职业不为，而群趋于做官——从政——之一途。官为治人的阶级，并可以不费力而得多金。物质上固可以安享尊荣自豪，精神上亦可以炫耀一世自慰。故读书与做官几成为必然的因果。父兄遣子弟入学校固然期望其于毕业后做官，学生入学校亦以做官为期。加以都市的生活程度日高，中学校学生每年将费一百五十元至三五百元，家庭能负担此种经费者，当系富庶，在地方上有相当声望，为保持其在社会之地位计，亦不愿其子弟以劳力谋生计。因此种种关系，社会已显然把中学生加以限制，使之不从事职业，所以中学生在学校不感职业之需要。

其次，有些中学生因家庭不能永久供给其用费，亦未尝不想于毕业后能谋生计。可是他们在学校既过惯了都市生活，耳所闻、目所见，既系些洋房、汽车、电灯、电话种种设备，物质的欲望亦因而提高，生活费自然很大；即使新式工商业场中有用中学生为下级职员，每月薪资亦不过数元以至十余元，区区收入自不足以供给其个人用费，更何论仰事俯蓄。而且当学生每年已费去百余元以至三五百元，毕业后之收入尚不足以抵其学生时之所费，各行业之徒弟不费教育费，也能有如许收入，甚且过之。二者相较，利害显然，中学生不愿就胼手胝足难于维持生活的职业，家庭于费去许多资本之后，不期望其子弟就艰于维持个人生计的职业，亦是人之常情，我们又何能深责！

有若干中学生为生活所逼，不得不谋职业，但因在学校时一切杂事均由校工代理，几年以来，即在乡间带来的劳苦习惯，已丧弃无余而易以享乐的习惯，所以一入职业界，即觉劳苦不胜。此种现象，我们常在报纸之记载中看见。即我于某时期延请中学生缮写，亦两月之间易四人；所以易人之故，均为不耐劳苦，自行告退；实则每日不过责其写行书稿件三千字，平均日费三小时而已，又何劳苦之足言；至于报酬则月十五元，亦不为薄。然而许多中学生不能久于其事者，因平日无此循规蹈矩、静心治事之习惯。缮写稿件比较为轻而易举的事情，尚且如此，其他更可知了。

上述三种原因，有一已足以使中学生不重视职业，而况三者俱备。这是关于中学学生态度不可不研究的又一问题。

四

中学组织与社会需要不相应，社会上对于学校无相当的信仰，学生纵有能力亦难于见用；中学课程无职业的训练，学生无力谋职业，学生无耐劳的习惯，对于职业不感需要，社会上纵有职业亦不能使学生就业。所以职业指导诚然是现在中学教育中极重要的问题，而学校制度不与社会状况相应，学生态度不注意于职业，无论职业指导怎样实施得好，结果还是没有效果。所以我们在中学实施职业指导时，不可不先谋：

（一）怎样使中学校组织及课程与中国社会情形适合，即怎样根据中国历史上特殊的精神，与小农制度的社会状况，以创造适宜于中国社会的学校制度；怎样调查中国现社会上各种职业的实际需要，以之为根据，而对于学生加以适当的训练。

（二）怎样使中学生对于职业发生兴趣，即怎样将"读书当做官"的观念打破，而使一般人民知道受教育为人生的本务，不是将本求利的行为；怎样给中学生以适当的训练，养成其脚踏实地、耐劳耐苦的习惯，以自食其力为最大光荣、以不劳而食为最大耻辱的精神。

这两问题，在我看来，似乎都可以供研究与实施中学职业指导者的研究，不知实际提倡职业指导的教育家对之又将如何！

1924年

导读 与很多教育家不同，舒新城不但是一位教育家，且是一位教育史家，他对中国教育的历史如数家珍，还出版了《近代中国留学史》《近代中国教育思想史》《近代中国教育史资料》等专著。本文是舒新城研究中国近代教育史的重要成果。

近代中国教育史问题

一 本问题之范围

梁启超说：史者何？"记述人类社会赓续之体相，校其总成绩，求得其因果关系以为现代一般人活动之资鉴者也"。（《中国历史研究法》，页一）分析言之，历史是记述人类社会赓续活动的科学，其功用在明因果与资借鉴。本此原则，则专述近代中国人之教育活动，求出其因果关系以供现代及后代教育上之资鉴者为近代中国教育史。

此定义中，我们应先讨论两问题，即（一）何谓教育？（二）何谓近代？

教育原是改进人类生活的有意活动。从广义讲，人类活动之有影响于生活之改进者均可称为教育。不过这样广义的教育问题，不是我们所能讨论，因为果如此，则宇宙中一切活动对于生活均直接间接有影响，均可列入教育范围之内，既非我们力所能任，而且侵占"通史"的领域。我们所能讨论之教育问题，只限于常识中之教育含义，亦即特别注重于"有意"及"改进"数字。如此则个人的生活史，宇宙的自然史，我们虽然也为看它们对于"教育"上之影响而研究及之，但决不以之为教育史上之正宗。换言之，我们所欲研究之教育问题，只以有组织有系统之教育制度、教育方法、教育思想等为限，其他如政治、社会、自然界的各种现象，只探究其与教育有关之事实以为建立教育史之旁证。

至于"近代"两字的含义，不独历史家异说纷纭，即各种专史之分期亦不能一致。我们所欲研究者为中国教；育史，故应从中国教育事实之本身上立标准，不必顾虑他人之异说。在中国教育之事实上有一种最显著之现象，即清同治元年以后之工商业社会的教育制度代固有的农业社会教育制度而兴，故近代中国教育史之"近代"亦以清同治元年为断。

建立此种基准的主要理由，即在同治元年以前，中国虽然也曾与西洋各国通商，但其时一般人以华夏自居，以夷狄处西洋人，故西洋文化不曾影响于中国，而中国的教育制度，完全为中国数千年以农立国之农业社会的产物。鸦片战后，国人鉴于外国之坚甲利兵，为势所迫，不能与西人交涉，更为事所迫而不得不设立学校培植交涉人才，于是有京师同文馆之设。论组织及学科，该馆俱不能称为合于西洋教育之新式学校，但光绪二十四年京师设大学堂以前之所谓洋务人才，几完全取才于该馆，该馆实际为新式高等教育之中枢；而二十八年张百熙奏定学堂章程，二十九年张之洞等改订学堂章程，亦莫不以同文馆之往事或前辙为言而思有以革新之，则中国现行之教育制度固以同文馆为先河，故近代中国教育以该馆之设立期为断。换言之，近代中国教育史之所谓近代，即自清同治元年至今之六十年。

二　本问题之价值

我常以为人之所以异于禽兽者在于有理性，文明民族之所以异于野蛮民族者在于能用历史。野蛮民族亦有其社会活动，亦有其社会活动之历史，但他们既不能利用文字将社会的遗产传之后世，即凭长者之传说以为生活之指导；但除了服从社会传说以外，不能如文明人之利用先民的种种成绩以为研究改进生活之方法的基础。所以我以为要改进中国的教育,非注意于中国教育史的研究不可;要改进现在及未来的中国教育,尤非注意于近代中国教育史的研究不可。

从历史的研究中,我们可以发现许多问题的因果。昔日所百思不得其解者,可一旦豁然贯通,昔日所视为神秘不可解释者,可有至当不易的原因,则历史的研究,不独可以利用先民的成绩以为改进生活之资,且亦一种最有兴趣之事。然而六十年来中国教育制度由书院而学堂,由奖励实官而毕业学位,由日本制而美国制,其间变迁多端;即出版物中亦以教育占重要地位,何以独未见有有系统之中国教育史,更何以未见有系统之近代中国教育史,或者教育者忽略其价值之所在而不注意研究罢!

一切历史的研究都有其价值,而近代中国教育史的研究更有特殊的价值,其最重要者如下。

(一)我们曾经说过,中国以前之教育制度与方法完全为农业社会之产物,近代的中国教育则全为工商业社会的产物。就中国的社会情形言,决不能将西洋工商业极发达的社会的教育制度移植过来;然而在事实上,清光绪二十九年,间接将西洋的教育制度由日本输入,民国元年直接输入之,十一年则更完全移植美国的教育制度。若仅从表面看来,教育制度之移植,并不受何种条件之限制,故时此时彼,均不曾发生何种困难。但切实将改制三十年来之教育效果研究一番,便知道此种无条件的移植办法,实是非徒无益而又害之,这种现象为其他各国教育中所无。故近代中国教育史的研究,可以使我们知道教育制度与社会组织的关系,更足以启发我们尊重国本的思想。

(二)在教育史上,教育制度之发展本有两种形式:一为自然的,即实际的教育制度先存在于社会之中,然后由国家采取最有效的一种方式而加以法律的规定,如英美之教育制度是;一为人为的,即先在纸上造成一种系统的图案,然后使事实去迁就这纸上的方法,如日本及中国是。在原则上,此两种方式自以第一种为合理而效用大。但中国与日本均用第二种方式改革学制,何以日本以之强国而在中国则弊端百出？此问题若能详细比较，不独可以发现许多原因，且可为比较教育的资料，其价值固不仅以中国教育史为限也。

（三）中国以闭关自守之故。素以尊贵之华夏自居，而以蛮夷况其他各国；在社会组织上，中国亦决不能贸然采用西洋之教育制度；然而戊戌政变后，一切新政推翻，独京师大学堂能继续维持；庚子而后，并全部采用日本的教育制度，虽然说是当时达官如张之洞之流勇于革新，但其背景则完全为外侮所逼成。由此可知国际强权之势力之大，与国际潮流之不易抵抗，故近代中国教育史之研究，并有助于国际政治之研究。

（四）自同治而后，中国旧教育制度，即因外力之压迫而逐渐崩坏，光绪二十八年新教育制度建立以后，旧者于数年之内，即便推翻。在法制上，书院制与私塾制不能存在，然而实际上，则私塾遍国中，据安徽、广东两省之统计，私塾数远过小学数，私塾生远过小学生，由此可见人民对于私塾制之信仰犹未衰。从另一方面看，则自宣统年间提倡普及义务教育以来，至今除山西外，其他各省之进行甚缓；甚至义务教育之附税被代表人民之省议会反对（江苏、浙江、湖南），适足证明民众对于学校教育之不信任。此种民众信仰问题，在表面上似乎是一个知识问题，而实际上则有文化的条件在背后支配一切。所以西人经营数十年之教会教育，其根基可以随收回教育权之声浪而铲除；国家经营数十年之学校教育，其势力不及同善社、悟善社之迷信宣传。此种中西文化杂糅的变态现象，在近代中国各种问题中均有表现，然而无如在教育中所表现者之显著而普遍，则近代中国教育史之研究，最少亦能供给近代文化史以许多可宝贵之资料。

（五）自光绪二十八年改制而后，新教育之根基实未稳固，一般民众固然迷恋于私塾制度，即社会上号称优秀的知识分子亦对于此种制度怀疑；不独怀疑教育宗旨上之军国民主义、资本主义等等，即对其办法亦表示不满，现时梁启超、梁漱溟、常乃德等其代表也。由此种思潮所演成之具体方案虽各不同，但最少有两种共同的倾向：1. 在消极方面反对现在资本主义社会之教育制度；

2. 在积极方面，提倡书院制之讲学精神。自五四而后，中国固有的教育精神几完全消灭，而西洋之新精神又未曾学得，加以政治社会上的种种诱因，遂致学校无大小，几于无校无风潮，而报纸上之新闻亦几于五日无风潮的纪事，于是教育者以至于一般民众均感觉教育的改造为目前当务之急。然而决非见日本仿德制强而效日本，见美国地大物博重地方分权而仿美制所能为力，最少亦当于已往数十年之教育史迹中，求出现在教育现象所以如此之故，而注意于本国历史上之教育特点，及现在教育思潮之倾向，再参合世界教育潮流，以为改进的张本，则近代中国教育史之研究，不独在明既往，且可以使未来之进行方针有所依据，不至忘本乱仿，其有益于教育政策者盖非浅鲜。

总之，近六十年之中国教育史，完全为中西文化杂糅过渡期之教育记载，虽然全部改行西洋教育制度的时间不及三十年，但因其构成此种现象的原因为外侮的压迫而非自动的采择，故无论何时，均有中西文化两大思潮互相激荡，互相排斥。在中国社会组织与民族习惯两方面均不宜于采用现行的西洋资本主义社会的教育制度，但为着外力的逼迫，势不能不走此路。故在表面上极力模仿，想收速效，而实际上则仍为固有之思想与习惯所支配，遂至橘逾淮而变为枳，其效相反。因而三十年来之中国新教育，其复杂变化之度与夫冲突不安之状，既非各国所有，更非中国旧时所有，其情形至为特别。此问题之研究不独为研究中西文化沟通与中国教育改造的钥匙，而且至饶趣味，教育者固当乐于从事而努力从事也。

三　背景之研究

人类活动原为整体的，为叙述便利计，我们诚可将各种活动的现象，分为若干类研究之。但各种活动决非孤立的，与其他活动均有相互关系，故欲明某种活动之历史，绝不可不研究其他与此活动有关系的事实以为旁证，而使此种活动之因果益明确。教育为社会事业之一种，亦为政治问题之一种，其一切因革，均与政治及社会组织有至密切的关系，而近代中国教育史除中国政治与社会问题外，又有其特殊的国际背景：所以近代中国教育史之背景应特别注意者有下列三事。

（一）外交　中国近六十年来之教育完全为外力所逼成，我们若不注意近代中国外交上之各种变化，而反在教育现象中研究教育史，即能将六十年来之教育事实巨细无遗详为记载之，亦不过一本流水簿耳，并不能示近代中国教育的盈亏如何。换言之，清季之外交失败为构成新教育之总因，无此总因则现在中国的教育决不会如此。所以研究近代中国教育史，不可不先注意于此。

清季一部外交史，除了国耻的事实而外，实在没有别的东西。而与近代教育最有关系者，计有：1. 鸦片战争；2. 太平天国之乱；3. 英法联军入北京；4. 中日战争；5. 拳民之乱，五事。

鸦片战争以前，我国虽也曾与西人交通，但其范围只以商务为限，而且中国之弱点未曾暴露于外，西洋文化在中国不曾发生何种重大的影响。鸦片战争而后，国人在思想上虽然要保持华夏蛮夷的旧观念，但西人坚甲利兵的事实却不能不承认。于是昔日轻视蛮夷的观念，逐渐为畏惧强邻的观念所替代。而且《江宁条约》《中法条约》均规定外国人可在中国通商口岸居留之权，其居民并不受中国法律之裁判，他们自视甚高，既不同化于中国，便不能不设立学校以教育其子女。在实际上，西洋的教育制度既因条约而逐渐输入，而国人思想之变化更受新制度之采用的重大影响。盖如未经此次战争，中国即欲采用西洋教育制度，亦必不全盘承受，其结果亦决不至如现在也。

太平天国之乱，在正式的外交上虽没有什么重大问题，但清廷借用英法兵攻太平军，更予民众以外兵可畏之印象，而上海租界上丧失国权的种种事实，也均于那时植其根基。盖当咸丰三年八月刘百川攻陷上海之后，外人之侨居上海者，倡中立之议，关税权于此时丧失，会审制度于此时起源，外人在中国领土内之行政制度亦于此时建立。今日上海为全国出版业之中心，隐然操纵全国文化而使之欧美化，固然植基于那个时候，其他因此而生之种种教育问题，如盲目崇拜留学生与教育外国化、商业化、资本主义化、买办阶级化（重英语）等等亦莫不与之有关系。故太平天国战乱所给予近代教育之影响并不亚于其他外交问题。

鸦片战争与太平天国之乱以后，国人对于西洋的兵力虽有所震慑，但亦不过视为偶然的制胜而已。所以《南京条约》实行，粤人极力反对之，并因之以酿成英法联军入京之国耻。咸丰十年，签订《中英北京和约》，除割地赔款而外，内地传教权于以确定，而总理衙门与同文馆之设立，留美学生之遣派等，亦以此次交涉为主因。外交问题之直接影响于中国新教育制度者以此为始。

甲午中日之战关系于中国国运者至大；在此以前，无论外交如何失败，国人对于西洋之坚甲利兵均视为偶然的胜利，而且只认识其坚甲利兵，对于本国文化犹存自尊之念。甲午战后，除坚甲利兵之认识外，更进而认识所谓西政，而自尊之念亦渐失去，故光绪二十一年闰五月迭下上谕举办新政均及教育，而胡炳芬、张之洞等复陈新政，无不以采用西政西艺为言。张之《劝学篇》，曾奉上谕颁行各省，其论教育制度、教育方法等在当时最为详备，但其渊源则几完全出自日本。戊戌变政，虽然为期不过百日，然而京师大学堂即于彼时建立，新教育之学校系统亦于彼时建立。推其原因，则甲午之败有以促成。故甲午一役，实为促进中国新教育制度之主要动因。

甲午以后，朝野虽然竞言变法，竞言兴学，然千余年相传之科举制度固在民众心理中有强固的根基，而且中国社会组织又未见得与西洋教育制度相合，所以倡来倡去仍不过是纸上谈兵，有名无实。及拳民之乱，八国联军入京，皇帝蒙尘，事后赔款谢罪，无所不至，实中国外交史上惟一之耻辱。国人昔日自尊之念至斯完全打破，不独对于西洋之坚甲利兵望而生畏，即当时之所谓西艺亦视若神圣，而以为欲图强惟有尽量仿效西法之一法；又因鉴于日本之勃兴由于变法，以及中日壤地相接，交通便利，国体相同，成规易随，于是举国上下以仿西法、效日本为当务之急；庚子而后，各种新政如铁路、电报、银行等等固逐渐举办，教育制度则完全将数千年相传之旧制推翻无余，而悉以日本者代之，留日学生之多，更为留学史中所无。庚子一役实为中国实现新教育制度之重要原因。

此后中国外交虽五次不失败，但影响于教育者较少，不具论。

（二）政治　自清同治至今，中国政治上最大之变动有：1. 戊戌变政，2. 预备立宪，3. 辛亥革命，4. 袁氏称帝，5. 国民革命五事。

戊戌以前中国虽也因外交上之种种关系与西人往来，但政治上则仍为华夏自尊的闭关主义。甲午战后，鉴于日本之强盛系由变法得来，于是国人因图强之念，而群思模仿日本，戊戌变政虽然没有什么成功，但社会上的传统思想，却因《新民丛报·黄帝魂》等文字之鼓吹而发生动摇，民权民族之观念亦渐入人心，而无形中构成一种西政的教育思潮，在背后支配着南洋公学、京师大学堂等之教育制度。

戊戌而后，国人因外患之逼迫，图强之念甚切，但均格于异族专制而不能如愿，其时国民党人知欲改革中国非先推翻满清专制政体建立共和民国不可，于是对于民族思想之鼓吹特别致力。清廷初亦无何种诚意改革政制，但鉴于民气之激昂，于光绪三十一年派考察宪政大臣，三十三年公布《宪法大纲》。虽然终清之世，不曾实行立宪，然而为欲副预备立宪之名之故，对于教育亦颇有进行，不过所用之手段仍为奖励功名之科举的故智耳。在清廷以为藉推行教育可以缓和人民之反抗心理，而党人散播各校，日为种族革命之宣传，一面固曾促进了种族革命之实现，而他一面则中国新教育自始即有政治问题在内，而非纯粹的教育事业。此为近代中国教育史中特性之一，亦为其他各国所不易见者。实为研究近代中国教育史者不可忽视之要事。

辛亥革命将数千年历史相传之专制政体推翻而树立共和民国。成功之速为世界革命史中所无。只因未经过训政时期，破坏之余，渺无建设。中国十余年之内乱实种因于那时，而教育宗旨之飘忽无定，学校制度之时时动摇，亦于那时树立根基。在形式上，民国之教育制度似与清季者截然为二，但除蔡元培发表《新教育意见》提倡美育与世界主义，于教育部官制主张设社会教育司而外，其他各种设施并无重大改革。在民众方面仍视学校为变相的科举，而以入校为求官的途径。所以六年、十五年因学校毕业生失业之多而有职业教育思潮与毕业生就业指导委员会之设置。换言之，辛亥革命除民族思想有相当之结果而外，其他均无成功——教育亦如之。

袁氏称帝前虽曾颁布所谓教育宗旨与《预备学校规程》，但均未实行而即消灭，在教育史上并不占何等重要位置。他称帝时之政绩最有影响于教育者为民国四年五月九日秘密承认日本提出之二十一条。此事在事实上本属外交问题，但袁氏不采外交上之方式与之交涉，惟冀达其称帝之目的而秘密承认之，实系一种政治手腕，故以之列于政治问题之中。二十一条承认之时，虽曾有督军及民众反对，但对于教育上并无何种直接的影响。其影响乃在袁氏死后民国八年所发生之五四运动。盖此运动系以山东问题为主因而产生，而山东问题即为民四日本二十一条之遗祸。五四以前，社会上一般民众以至教育界仍为历史上之传统思想所束缚，对于旧思想旧伦理纵有怀疑，而不敢明白反抗，即有之（如《新青年》）亦不易引起社会同情。五四运动虽然只以惩罚签订二十一条之曹汝霖、章宗祥、陆宗舆为目的，但社会思想习惯经此次运动而根本上发生动摇，学生在社会上之地位提高，参与国事，几成常课；而向日之中央集权的教育行政机关亦失去其尊严，一切法规亦随中央政府之命令而常不能出北京城外；学校制度，教育方法，亦自此而日趋纷歧，教育行政机关及各种学校之风潮亦日渐增多。追溯原因，则皆由袁氏称帝之野心有以成之。故袁氏称帝实为近代中国教育之一种重要背景。

国民革命为中国国民党的口号。国民党于十三年改组开第一次全国代表大会时，孙中山先生提出"以党治国"的主张，并由大会议决建设国民政府，以党之中央政治会议为政治上之最高机关。此种政治组织，为中国历史上所未有。自十五年春由广东出师北伐，其统治力现已奄有全国领土三分之二。其在教育上之结果如何，虽以为时甚暂无从预断，但有其他各时期之政治所无之最显著的两事，其影响于近代教育史者最大，即（1）党化教育，（2）学生参与政治。国民党之所谓党化教育系以其"以党治国"的主张为根据，在实际设施上，教职员均须为党员，教育上之一切设施须以党义为依归。现在草创伊始，尚未见系统的具体方案，不过在国民政府统治之下，一切教育均当受党义之拘束，在行政上发生重大的影响，则为已然的事实。至于学生参与政治运动，虽然自有新教育以来，即有此种事实，但均为偶然的变态，学生在政治上并无明确的地位。自十三年十一月孙中山先生发表《北上宣言》及十四年二月《对于善后会议之主张》两文（《中山全书》卷四，宣言类，页四一一五〇）主张各省学生联合会为国民会议预备会团体之一以后，在国民政府之下，学生之政治地位确定。而国民党于十三年容纳共产党分子以后，共产党更努力于鼓吹学生阶级，不但要学生握国家之政权，且要他们握学校的行政权。于是学生逐渐成为各种政治运动之中心，而且与教师为对抗的阶级，为着本身的利益而不断与社会及教师争斗。其流风所及，不独在国民政府之治下如此，且普及全国。现在共产党虽然以国民党之清党而不敢活动，但此种思想却已深印入青年之脑中。已然的事实，我们固当注意，以后的学风，我们也当向此中求原因。国民革命对于现教育之影响，现正如日初升，方兴未艾，我们研究近代教育史，更应时时留意。

（三）经济　前述之外交问题为中国产生新教育制度之主要原因，政治问题，则为使新教育制度变化无定之主要原因，现在更进而讨论支配新教育现象之经济问题。

我们虽不相信一切社会上变动都由于经济变动而起，但却不忽视经济对于社会问题的力量，而以之为教育问题中之主要原素，所以在现代中国教育史中仍然竭力探索其对于教育上所发生的影响。不过社会经济之变动是渐进的，因果极复杂，非如外交、政治诸问题之有显然界限，故不分条论列。

要明白近数十年社会经济对于教育之影响，第一须知中国经济环境与欧美相异之点何在？第二须知现代中国经济环境何以异于昔日？此两问题俱非短篇所能解释，简单说来，中国社会经济自昔以家庭为中心，个人财产之权利义务，除妻子而外，并及亲戚旁支，而对于国家之责任甚少；欧美之社会经济则以个人为中心，财产上之权利义务，除未成年之子女外只对国家负责任。因而在欧美社会上对于个人之自立极为重视，父母及社会之扶助个人自立亦不遗余力；在中国则以有力者周济无力者使之共存为群德之要件，但只为事后的救助而不为事前的预备，所以依赖者多。加以中国人民向分士农工商四阶级，士之地位既远在农工商之上，而士又为不事生产的"治人""食人"的阶级。因此两种经济背景，所以中国人与欧美人对于教育之观念根本不向，盖后者以受教育为求独立自存的途径，前者则视为升官耀祖的道路，所以西洋以求自立为主要功能的教育制度，到中国就非用科名的奖励不能施行。而现在毕业生失业之多与社会上盲目崇拜留学生等，亦与此经济的背景有重大的关系。但自光绪二十八年改用新教育制度以后，西洋物质文明潮流之侵入中国亦日迫一日，在形式上，教育上的；一切设施均要仿照欧美，而中国社会仍旧是一个小农社会与手工业的国家；加以中国交通之不便，内地与交通的都市的社会经济状况相去甚远（如上海、广州、天津、汉口等已渐成工商业之都会，川、滇未通轮船火车之地则仍保持数千年来的农业习惯），中等以上的学校又群集于都市，致乡间小康之家不能遣子弟入中等学校，因而教育的进展亦极畸形。此外旧日"士"之阶级，因物质文明潮流的推衍不能存在，势不能不求自立，而社会经济权为国际资本主义所控制，每年人超常在一亿两左右，一切运用机械之大生产机关，均为外人所垄断，国人常有求为其奴隶牛马而不可得。乡间农民固因经济之压迫而不能就学，能就学者亦因国内各种事业不发达，以致毕业后而无业可就。职业教育之思潮固由此事实所构成，青年学生之多人共产党亦未尝不是此种事实所逼成。不平等条约一日未取消，中国在国际上一日未独立，国际资本主义的束缚无从解放，国内经济更将日形枯竭。姑无论教育无从发展，即能发展亦只是多造些较有知识的失业者而已，于国计民生实无何种裨益。这问题不独在已往的教育历史上有重大的意义，在未来的教育方针上亦系必不可不研究的要件！

四　史料问题

纪昀说："史之大道，撰述欲其简，考证则欲其详。"（《四库提要》卷四十五）要考证详，便不可不多方搜集。而宇宙间现象太杂复，从广义言，几无事不可以为史料。史家不能一一集而用之，于是不能不有鉴别。自来论史料者，搜集与鉴别并重，搜集在博，鉴别在严，史家对此多所发挥，即以梁启超在《中国历史研究法》及胡适在《中国哲学史大纲》卷上中论史料的议论而言，已足供一般治史者的应用。惟近代中国教育史另有其特点，对于他们所述整理史料的方法，可用而不可尽用，且不能不有补充，兹为简单分述之。

（一）问题的难点　我们现在所欲研究的教育史为期不过六十年，时间很短，范围很狭，与研究数千年的通史相较，其难易似不可同日而语。然而近代中国教育史料之搜集与鉴别亦有其特殊的困难。第一，研究古史者对于史料重在发现与鉴别，但能发现某种史料，只要能证明其真实不伪，便可为立证之资，因其经过长时间而犹合于需要，自有其存在之价值；近代史则因史实正在进行，其结果无从预断，虽不必多作发现的工作，但欲将正在进行之各种记载一一收存之，则不知其价值如何；若置之不问，则又恐稍纵即逝，将来无从寻找；即欲折衷办理、择要收存，时间稍久，亦不知须淘汰若干，则费时费事常过于搜集古代史料。第二，政治上之忌讳。此为一切史料上之公共问题，惟在近代史为尤困难，盖古史虽亦有政治上之忌讳，但论断不在当时，则当时所忌讳之事实可于后日发现以为论证的资料；近代史之论断常牵及于现存之政治势力，首感困难者即不易得反对方面之材料，即能得之亦不能由治史者自由发表，因而论证亦受影响，此种困难实为治古史者所无。第三，人的忌讳。此问题与第二问题之情形相似，盖近代史中所欲论列之问题，其主人公或尚生存，或其后嗣仍在继续其事业，社会碍于"人情"，对于他们常有过誉或掩恶之笔，倘欲采取其敌对者之言论以为资料，则又恐蹈挟嫌攻击之弊。因此史家之论证亦难得有正确之根据。第四，是教育者的本身问题。教育者历来被视为人间师表，社会对于他们固然有一种尊严之感，即教师自己也以为非毕恭毕敬不足以资表率，于是教育者与社会无形中增加一层虚伪的隔膜，一切都不能相见以诚，即教育上所表现的种种事实其不可靠之程度也大于其他各种社会现象。此种困难非俟教育的观念根本改变，无从补救。治教育史只得应用精神解析的原则，从他方面求得实证。

（二）搜集的注意点　近代中国教育史料虽然有上述的种种困难，但治史者决不能因其困难而不进行。搜集史料之首当注意者在立定目的，此目的常以史之范围而定；如治文化史者当特别注意与文化有关之史料，治哲学史者当特别注意于各学者之思想学说等是。近代中国教育史在中国通史中虽然是一种专史，但对于近代中国中学教育史，近代中国师范教育史或近代中国留学史、近代中国教育思想史等又成为一种通史。我们的目的既在研究近代中国教育通史，则凡属六十年来之教育问题均当注意，史料之范围不以专属于某问题者为限，史料之性质亦不专以直接的或间接的为限。第二要注意各种史实的背景，倘仅在教育的范围内求史料，不感触到材料太少，便会将最重要的材料遗去，不重要的材料录入。即以最近的事实言，国民政府到南京后之纯粹教育事实甚少，但若我们注意到国民革命的历史的背景，则党务人员养成所的章程是史料，国民政府重要职员的轶事亦是史料，而吴稚晖致陈德征函中"做教员的，情愿世世生生不再投胎做教员"（十六年五月二十九日上海《民国日报》教育栏）的两句话，更是有价值的史料。我们既以研究近代中国教育通史为目的，则第三节中所述之各种背景均当注意。第三求平衡。史料为已然的事实，决不能捏造，所谓求平衡，并非要于无。事之中造出些事实，乃是要目光四射，将与近代数十年来教育上有关系之问题均能顾到，分别搜求；决不可只留意其一而弃置其他，更不可只以所注意之一问题的结果以概全体；必求有综合的研究而后下判断。第四求旁证。无论何种社会现象均有表里两面，某事之表现于外者未必为某事之"实在"，此为近世精神解析学者所诏示我们的真话，故我们搜集教育史料，除在表面上能表现某种问题之事实须搜集外，更须在他方面求此问题所以发生之因果；为欲达此目的，无论何种社会现象均当研究，无论何种党派的人亦得于必要时与之接近。第五求正确。各种史实变成文字的记载以后，严格讲来，已失去其实在性，然而我们不能事事亲自经历，即能之亦不能一一记储于脑海之中以备应用时取用，势不能不藉文字以保存之。我们审定史料时，自然要注意于去伪辨诬，但个人之识力有限，记载之伪与诬者必难巨细无遗地辨别得清楚，为欲便于自己校订与他人纠正以减少错误计，对于各种事实之来源均当详为记出。第六当有科学的态度。所谓科学的态度即以客观的事实为立论之中心，决不搀杂主观的偏见，以感情抹杀事实。史家对于历史上的各问题自然要表示其判断，但他的地位与法官同；法官之一切判断均以法律为根据而不能意为出人，史家之一切判断亦当以史事为根据而不能以好恶有所偏倚。故我们搜集史料时，即使其事实是我们主观见解所不赞同者亦当尽量保存而引用之。本此六点以搜集史料，则偏私臆造之弊当可减至最小限度。

（三）史料的来源　近代中国教育史料的来源约可分为三大类：1. 文字记录，2. 实物记录，3. 耆旧记忆。属于文字记录者：1. 正史，如《清朝全史》《清史纪事本末》《民国十周纪事本末》等是；2. 公牍，如创设同文馆之呈文批录、《光绪政要》《大清教育新法令》《学部奏咨辑要》《教育法规汇编》等是；3. 规章，如前清之《学生总会章程》及现在各学校之章程等是；4. 杂志，如清末《学部官报》《教育世界》及现在《教育杂志》《中华教育界》等是；5. 报纸，如清代之《民报》《时务报》《新民丛报》及现在设有教育新闻栏之各报；6. 专著，如郭秉文之《中国教育制度沿革史》、殷芝龄之《现代中国教育行政》等是；7. 个人文集，如《李文忠公全集》《蔡孑民先生言行录》等是；8. 杂著，即非教育之著述而间有关于教育上之重要材料者，如容阂之《西学东渐记》、柳诒征之《中国文化史》等是；9. 轶闻，如《清代轶闻》《清稗类钞》《梵天庐丛录》等是；10. 文艺（此类材料素为治正史者所不重视，但其价值最大，盖其所表现者最为真实也），如《留东外史》《留西外史》《人境庐诗钞》（黄公度）及各时期之社会上流行的歌曲、戏剧等是；11. 金石文，如各校之碑文及印章等是；12. 外国人著述，如推士之《中国之科学与教育》，杜威之《旅行中日札存》（Letters from China and Japan）等是。属于实物记录者：1. 建筑物，如南京之南洋劝业会旧址，北京之北京大学第一院；2. 纪念物，如上海澄衷中学之叶澄衷铜像、浦东中学之杨斯盛铜像等是；3. 图片模型，如湖南清末省教育会之模型、南京高师之照片等是；4. 先民遗迹，如北京大学图书馆所藏之学部档案原稿、"三一八"惨案之死难者的遗物等是。属于耆旧记忆者，因近代教育发展最盛之时期不过自清光绪二十八年采用新学制以来之三十年，身历各种教育活动之境者尚多存在。各种活动之内幕以及其经过之详细情形，后于其时者既已无从亲历，当时的文字记载，亦不能巨细无遗，如民国元年教育部设立之种种情形，我们无从于文字中求得之，然而蔡元培、蒋维乔能历历记忆，其他如吴稚晖、李石曾之于留法勤工俭学，许崇清之于国民政府教育情形，范源廉之于学部情形，陈宝泉之于教育部情形，袁希涛之于义务教育情形，黄炎培之于职业教育情形，张菊生、陆费逵之于教科书情形，黎锦熙之于国语运动情形，均无不有其个人为中心之经验，而可明白告我们数十年来各事经过的渊源。此种活的史料为研究古代教育史所不能有，实近代中国教育史料之特质也。

（四）搜集史料的方法 搜集史料的方法可分三大类：1. 发现，2. 访问，3. 汇存。发现即在漫无系统的事实中求得史料。此方法又可分三项：1. 于通行之书籍中求之，如读《清史纪事本末》或《中国文化史》《留东外史》等书，将其与教育有关系的事实摘录之；2. 访求绝作，如清末之《教育世界》旬刊及《学部奏咨辑要》，在近代中国教育史中均有很大的价值，但此类书非普通读物，时过即无处可求，惟有随时留心于旧书肆中购买，或向留心近代掌故之耆旧家中抄录；其有关系之重要秘本如《劝学篇》之著者等，则惟有从著作者有关系之人求之；3. 保存当时报纸杂志。史为人类继续活动之记载，今日人人皆知之事，异日常为重要的史料。故研究近代教育史者，当择其能代表一种思潮之刊物，于阅读时注意其要项而保存之。访问一项，为治近代史者所当特别留意，有许多掌故，我们无从于文字中求得者而可于现存之耆旧的口中得之，此种利益惟治近代史所独有（治古代史者纵有访问亦只能得社会传说，而不能得亲历其境者之口供）。惟访问任何人须注意下列各事：1. 须先调查被访问者对于其问题之经历，是否有历史上的价值；2. 访问之目的须以事为主，凡某人对于某事有关系，其经历有价值者，不问其人之行为思想如何，均当访问之；3. 访问时须用各种方法使被访问者能坦白告以所欲问之要点；4. 访问后须以其所得详为整理，更须审量被访问者之言语态度是否别有作用，其思想之渊源如何。至于将各种材料搜集以后，便当用适当的方法汇存之，此项之重要较上两项尤过之，因为只有一些流水簿的材料混列一处，查阅不易，前功尽弃。汇集的方法第一步是归类，即将性质相近的事实划为若干类，遇有各种史料，皆以类为归；第二步是剪存与编目，报纸杂志上的材料极多，但篇幅亦多，报纸尤甚；若将报纸全部保存则每阅报四五种，数年而后，贫困的史家，即无如许地方储藏，而且以后要翻阅，也无许多时间，则保存等于不存。故对于报纸则当择要剪藏。杂志篇幅虽较少，但年有三五十种杂志聚在一起而不分类编目，亦有等于无，故对于杂志则当编目（剪存后的报纸亦然）。至于剪报及编目以及保藏的方法则当应用编辑学及图书馆学，此处不能详述。

（五）审定史料的方法　史料的搜集固然很重要，但搜集的东西，未必尽是有价值的史料，于是不可不研究审定的方法。正诬辨伪为整理史料之共同要法，但在近代史中却不是最要，因为时间甚短，各种事实既近在进行之中，其价值如何，不能预期，一般人尚不至钩心斗角地去假造伪证，即有好名的人为求自己或其关系人将来在历史上占地位计而捏造虚诬的事实，但为数甚少；而且数十年的事实，文献留存者甚多，年长者复多曾亲历，研究者可于文献及耆旧口中求得实证，故诬与伪两事，在近代史之史料较少而较易辨证。治近代史者虽当注意此两事，但不必费全副精神于此。审定近代中国教育史料最当注意者，第一为创造性。我们检阅上海《新闻报》《申报》《时事新报》《民国日报》之教育新闻栏，每日之教育纪事各万余言，《教育杂志》《中华教育界》《新教育评论》《江苏小学教育月刊》《基督教教育季刊》等之论文纪事，又各每月自数万言以至数十万言，若欲一一作为史料，则无如许时间一一阅读，亦无如许地方一一贮藏。选择的标准首当问此事在无穷的事实中果有特殊异于其他各事之创造的价值与否？如其有之，不问事业之大小，实行之效率如何，均当保留之，以为述史之证。我们所以特别注重清光绪二十三年之上海南洋公学师范院的规程，与现在南京国民政府之将教育行政区域分划于大学学区，而以民国大学院总其成的记载，就是因为这些事在近代中国教育制度上是创例。第二为冲突性。一种问题有冲突的事实发生，其内部必有重要的原因，此原因或为思想上的差异，或为"人"的问题，但若能引起一般人之注意，无论其为进步或退化，均能支配一部分人心，而可以使全部的事实发生变化。此种显例如清末至今之读经问题，民八以后之小学国语文言问题，中学之男女同学问题均属之；两方的事实皆有择别的必要，决不可因主观的见解而意为去取。第三为真实性。生物为生存上之必要，不得不利己，故一切有利害问题的本人报告，其可靠之量常不及公平的第三者——在各种学校风潮问题中尤甚——而第三者又苦难于了解两方面之真实事实。史家遇此问题，最好是搜集三方面的表白对证考核，而用精神解析的方法辨证之；其次则探求其问题之文艺作品。文艺所描写的原非实在的事实，但真正的文艺作品必为理想的真实，所描写的虽非某人之具体事实，但为人间必有的抽象事实。在此种描写中注意审核过于夸大的枝节，常能发现许多代表其问题的真相；故史家应特别注意于平常所谓史料以外的记载。第四为普遍性。某种问题，在表面上似为局部的事实所构成，但其实际则为普遍的环境所构成，如近数年来学校风潮不可谓不多，而南开大学十三年因《轮回教育》一文所发生的风潮，在教育史有重大的意义，就是因为那文能将现在留学教育的弱点轻描淡写地表现出来。其问题虽只发现于一校，其事实则普遍于全国。所以治史者不可轻轻放过。第五为影响。从广义讲，社会上一切活动均有影响及于他事或他人，不过不显著之影响不为人所注意；治史者除考核搜集有显著影响的材料以外，并须随时考察潜藏影响的材料，例如清末以科名奖励为改行新教育制度的手段，在表面看来，不过主张改制者之思想不彻底而已，殊不知"以仕为鹄"之教育观念至今犹受其毒；又如民国九年上海《民国日报》与《时事新报》"学校如政府，学生如公民"与"学校如商店，学生如顾客"之论争，阅者亦不过视为两报记者意气之争而已，殊不知自此而后的学校教育却大受其言论之影响，我们又何可忽视！第六为背景。一件事实之发生绝非无因，现在治史者虽有认历史的进化为超因果的，但只是个人的独断，不可为训。我们应将社会现象当作自然现象而认定其因果有必然的关系，选择史料必于明白表现于外的事实中进求其原因的材料，例如近数年来学生治校之潮流，浅视之，亦不过"士气嚣张"而已，但从共产党之政策上研究之，则由来有渐，而历年来《中国学生》与《中国青年》中之言论在史料上多有其特殊的价值。总括说来，近代教育史实正在进行的过程中，各种事实在历史上之价值殊不易断定，治史者惟有将现社会上的各种现象为概括的研究，然后在各种社会事实之复杂的相互关系中，较量其在教育史上之地位以为选择材料的标准，庶几能去取得宜。

五　史实之论列

史料只是一些可以供建筑用的材料，欲为史的建筑，必须另加一番绳墨工作，审量其合用者，为之节错，淘汰其不合用者，弃作燃料，然后肯构肯堂的大厦始能成立。我们仅收集若干史料而不加工建筑或建筑得不合时宜，仍无何种用处。故史实之论列其重要更甚于史料之搜集，盖非此将前功尽弃也。

我国学者论列史实之方法有三种范型：一曰编年，即纪事以年为纲；二曰纪传，即纪以包举大端，以年为纲，传以委曲纪事，列事为主；三曰纪事本末，即以事为纲，分类编纂，自为首尾。此三种各有长短，惟普通史籍则以采用第三体为便，并能予读者以系统观念也。在体例上，近代中国教育史自然可以采用纪事本末的方法，但内容却不可如旧日本之以帝王君相或英雄豪杰为主体，而以其他一切事实为辅。治近代中国教育史者，对于近六十年之中国教育的倾向首当注意它是由专制的到民治的，由集权的到分权的，由农业本位的到工业本位的，由军国主义的到资本主义的，由政教分离的到政教合一的；次当注意此六十年之教育的更张虽然很多，但实际上一切势力还不曾达到民众的心里，所以一般民众对于学校教育之信任心仍不及其对于私塾之信任心；第三要注意教育对于国家改造的力量，非在国民教育上植强固的基础，无论他种教育如何蓬勃，终属无用（民国十六年之政治现象可为佐证）。所以我们治近代中国教育史虽也如治他种历史一样，有"求因""明变"的两大目的，然而我们更有超于其他一切的一个目的就是要从六十年来的事实中求出教育上民治的趋势与民众的意识之实证来，以为建设"中国的"教育的借镜。故本书的论列，虽然决不以感情抹杀事实，故意排弃君相英豪与教育有关系的记载，但对于民众的教育事实尤为重视，此为本书的一个重要目的，故在此特别提出。

1928年

导读 本文节选自舒新城重要著作《教育通论》，但因文章所谈的《何谓教育》观点鲜明，主题集中，所以作为单篇文章独立看待。本文所言都是基础的教育理念与常识，阐明了教育的意义、起源及需要。

何谓教育

一　教育底意义

（一）语源

教育两字是我们最容易听得见最容易看见的，报纸上的论文与消息固常常有此，就是日常语言中也不时说及。教育两字既这样通行，它的意义似乎很容易明白了，但是你听得某人说教育而问他教育的意义怎样，却未见得能得着满意的答复。所以真要了解教育是什么，不可不加以适当的研究。

因为教育的科学是从西洋来的，所以讲教育的人大概都先从西洋的字义讲起。但孟子说"得天下英才而教育之，三乐也"的话，已有数千年了，而且差不多是中国人大家知道的。我们又何必不先述本国的事而贻数典忘祖之诮呢？

《说文》说："教，上所施，下所效也；育，养子使作善也"，育在使人作善，施又施些什么？《学记》说："教育，长善而救其失者也"；《中庸》说："修道之谓教"，而所以行其道者为智、仁、勇之三德。由此，我们知道中国旧日之所谓教育，其目的都在使人为善，其内容不仅限于知识。行为（仁）与体育也一样看重。这是教育的目的观。再看方法又如何？《虞书》说："敬敷五教在宽"；荀子说："以善先人者谓之教"；《易经·蒙卦》说："君子以果德育行"。所谓敷教在宽、以善先人、果德育行等等都是以德化人；用现在教育上的名词来讲，中国旧日的教育特别注重人格感化，而不重视机械的规则。这也可以说是中国固有教育的特点。

西洋的字义又如何？教育两字英文为 education，法文为 éducation，都出于拉丁文的 edueare，而 edurcāre，又从动词 edtlcĕre 来的。e 在拉丁文的意义为"出"（out），ducĕre 为"引"（lead），合起来为"引出"。这就是说，教育是要用引导的方法把身心底力量扩张（strengthening of the powers of body or mind）。其目的如何？亚里士多德（Aristotle）"各种学艺都以善为目的"（Everly art is thought to aim at some good）的名言，已足以解答我们底问题了。

以上是教育两字字义的诂释与语源。

（二）概念

语源虽然足以表示古人对于某事的意见，但时异境迁，它决不足以尽托此事底内涵。所以我们于明教育底语源而外，更须明它现在的概念。

教育学者因为各人底见解不同，对于教育所下的定义也很不一样。若我们要一一列举，事实上自不可能；就是择若干重要的意见来说，也有侵占教育史地位的嫌疑而不必。现在只就很平常的事象说。

近来我国教育界有一句很流行的话，即"教育即生活"。这话是杜威（John Dewey）到中国讲演以后［1919］才盛行的。杜威这话底含义，胡适曾经根据他底意见替它定下一个界说："教育即是继续不断的重新组织经验，要使经验底意义格外增加，要使个人主宰后来经验的能力格外增加。"这话要详细说明，自然不是很容易的事，但由此我们可以得着一个重要的概念，即教育是变动的、生长的，其变动与生长正如人类底生活一样。所以他这句话缩写起来，便成为"教育即生活"。

宇宙间一切问题都是由"生"而来，教育为人类底重要事情，自然不能与生活脱离关系。我们此时当问者不是教育是不是生活，而是生活底内容怎样。生底本质是人类同具的，而生的方法却因人而异：乐观者以为寻求快乐是人生唯一的目的，清净教徒以禁欲为唯一的要图；重视群性者以社会活动为至尊，重视个性者以个人发展为前提。我们究竟何去何从？

近来常有人说人类是社会的动物，这话自然很合事理。因为在现在的社会，无论何人，都不能离群索居，一切生活都有赖于社会底供给。我们且不问好群的活动是本能的抑是习惯的，而在这复杂的社会不能不为这社会的活动却是事实，群性之重要于此可知。然而社会究竟还是一个集合的抽象名词，虽然我们所谓社会是确有所指，但把构成社会分子的个人解散，社会便荡然无存。所以我以为不涉哲学底范围，将"个人"之构成的元素作最后的解析，而以"人"为单位，则个人实是实体。我们要生活充实，应当于充实个人生活的同时谋社会之发展。

人生是变动的、前进的，生活也自然是积极的、进步的；不独物质生活如关于衣食住的事情是日新月异地进步，精神生活如进德修业等等更是如此。孟子说"人之所以异于禽兽者几希"，这"几希"之差或者就在于人能自强不息地求进步，而禽兽不能的一点上。我们也可以说人类底特质是有创造的生活。

创造的本能自然是我们底天禀，但创造的技能却有待于训练，所以前人底经验与实际的活动都很重要，——因为不以前人底经验为鉴导则易蹈覆辙，不从事实际活动则易蹈空疏——而创造的历程又是递嬗的而非绝尘的，所以现实的事情与理想的期望都当注意——因为离现实则创造无凭依，无理想则创造无归宿。

以上都是教育所当注意的。由此我们得着一个结论说：

教育是改进人生的活动，其目的在为社会创造自立的个人，为个人创造互相的社会；其方法在利用环境（自然环境及社会环境）底刺激，使受教育者自动地解决问题，创造生活。

二 教育底起源

（三）原始的教育

教育是否为改进人生的活动，我们可以从教育的起源上去求例证。人类本是动物之一种，其他动物底生活虽然也与人类生活的性质相似，但他们因为幼稚期很短，甚至于无幼稚期，其先天的禀赋常足以支持生活，所以需要教育甚少（如鸟类），乃至于完全不需要（如昆虫类）。人类则因进化特高之故，幼稚期特长，先天的禀赋既不足以维持生活，后天的生活习惯，又须长者导率始能养成，于是教育因之而起。因为人当初生时，不能自由活动，一切生活上的供给均有赖于父母。后来能行走自如，而因人类不能如禽兽之穴居野处，与社会之组织复杂，亦不能独立自存。长者本存种的固有要求，希望幼者能继续生活，且能继续其生活的事业；幼者本自存的要求，亦望继续生长，且发扬光大其未来的生活。于是长者为满足其希望，常于有形无形之中将自己底生活方法传给幼者，幼者也就很自然参与长者底生活活动而习得自存的方法。这种直接参与无形影响的活动，就是教育的施受；而这些活动的目的都在使生活进步。所以我们说：教育是改进人生的活动。

当初民时代，个人生活简单，社会组织更与现今相去甚远。那时个人虽然也曾生存于团体之中，有赖于团体之扶助而生活，但团体之范围只是家族邻里而已，负教育之责者大半为父母，次为家长、乡长教育之内容只是与日常生活直接有关系的事项；教育的方法只是长者底直接示范，幼者底参与活动。在文字未发明以前，一切生活方法，均恃长者传述；这些传述，在现在看来，自然有许多是极不合理的，但在当时的生活上却都有其相当的价值，因为所传述者都是前人底生活经验，在当时生活上曾发生重大的意义。

（四）现代的教育

教育本然在于改进人生，而人类是富于创造性的，初民时代的简单生活自然不足以满其欲望，于是生活的内容逐渐因创造而丰富，社会的组织也逐渐复杂。个人因为生活丰富与社会组织复杂之故，便不能不分工治事，于是对于子女的教育责任，不能完全担负，势不能不请人代劳，这是教仆或私塾的由来。近代交通日便，社会的组织固然日益复杂，而科学发达，更证明儿童有其固有的特质，不是成人底缩型。为适应社会生活计，对于儿童固当施以特殊的训练，为适应儿童生活计，更不可不对于儿童加以专门的研究。于是教育成为一种专业：既不是旧日直接参与活动的方法能奏效，更非人人所能胜任；不独要有专门的人担任教育，并要有专门的地方实施教育。这是近代学校教育之由来。

学校成了固定的教育场所，教师成了专门负教育的人以后，为父母者对于儿女底教育以送入学校为尽责，教师也以代父母为其子女实施教育为其特有的职责。所以教育自成专业以来，与实际的生活愈离愈远。教师的初意，未尝不说是改进生活，但因学校自成一种区域，与真正的社会不相联属，教师更以为自己是社会指导者而不实际参与社会活动，结果遂至学校教育不独与社会生活隔离，甚至于背道而驰。这种情形，现在的中国自然很盛，在外国亦未尝不如此，试读斯宾塞（Spencer）底《教育论》便可知道教育先进的英国是怎样了。所以本为人生而起与改进人生为目的的教育，到现在反得竭力提倡与生活接近。

三　教育底需要

（五）个人的需要

现在学校的教育虽然有许多不与实际生活相应，但教育的需要并不因而消灭，而且在现在复杂的社会，其需要更大。此需要大概可以分作三方面：1. 个人幸福；2. 国家安宁；3. 世界和平。

人类因为幼稚期长故需要教育，而因为生死问题，更不可不要教育。倘若长者底经验即随其生命以俱去，则幼者从新学习，实不经济之至，而且在此种复杂的社会中也学习不了。这是就普遍的人生讲，不可不有教育。其次就现在的社会生活讲，也极需要教育。从前鸡犬相闻，老死不相往来的社会，个人底生活习惯不易为他人所影响，生活的方法也很简单，只要"日出而作，日入而息"便可安然过去——但亦非有相当的教育不能达此。自科学发达，欧洲工业大革命以后，万里相距，数日可达，人与人之交往日易，彼此所受之影响也日大，社会上的分工日细，需要应付的知识也日多。即使不事生产可以过活，怎样消费，怎样控制自然亦是一大可研究之问题。而况不劳而食，决非人生应有之事。如何劳而后得食，更非有适当的知识、特殊的技能不可。而劳力之效率，又常以知识之高下、治事之能力为进退，更非教育不为功。所以在现在的社会为个人生活与幸福计，教育是必要。

（六）国家的需要

教育对于个人自然是很重要，但个人即有自存的能力，亦不能自活于团体之外，必得生活于团体之中。与个人关系最密切的团体为国家；为谋个人安宁与世界和平均不可不谋国家安宁，即不得不要教育。所谓国家的安宁是对外能独立，不因侵略他人或被他人侵略而引起世界的战端；对内能统一，不因内乱不宁而引起社会不安。现在世界抱野心的国家对于他国常有经济、文化、政治的种种侵略，其大半为教育偏见底产物，我们要祛除这种偏见还得利用教育：因为教育是人人应当受的，倘使国家底教育注意于提倡不侵入不被入侵的独立精神，而使一切人民的脑筋中都具有此种观念，则对外既不致发生无谓的战争，本此精神彼此自处，亦不致发生争斗。这是就立国于大地之上说，国家不能不要教育。还有，一国有其特有的历史，这些历史都是由国内已往的贤哲底精血构成的，既费前贤底精力，复足为后人底鉴导，自当加以选择而久远保存之。虽然他人也可以代为保存，但一因异国人为着语言习尚的隔阂，不能如本国人知之详审；二因劳他人代庖，便减少他人对于其本国文化护持的精力与时间而妨害他人，均不如我们自己负责之为愈。故为保持一国固有文化计，也不能不要教育。

（七）世界的需要

现在国际的和平虽然日日有人倡议呼号，但已往的欧洲大战甫过，未来的世界大战正在酝酿。人类果真有好战的天性吗？此天性不能化除吗？这无非是为着各国私图不便而发生的问题。桑代克（Thorndike）说："就是最文明的国家，也不曾学得用精明的法官解决国际的争论，用国际的警察防止国家的强暴与国法的破坏。……而明达的见解以为只有教人想着战争为无道的罪恶是唯一可靠的防战策。"他这话骤然看来，好像有点不切实际，但健全的舆论，其防止战争的力量正与不健全的舆论鼓吹战争相等。我们自然知道战争的原因，不尽是由于舆论的鼓吹，还有有关民生疾苦的经济问题，或人类权力欲的满足问题。不过这些问题，都可用教育解决：权力欲的满足，固然可以发展罗素（Russell）所谓创造冲动（creative impulse）去替代，而经济之生产支配问题，更可利用教育养成其生产的能力、知足的精神。倘使一般人受了相当的教育，知道侵掠之非是，并能"自食其力"，个人国家固能安静过去，世界的战争更无由起。所以为世界和平计，非以教育为手段不可。

导读 这篇文章分四个部分：何谓学生、儿童与学生、青年与学生、成人与学生，表述清晰，浅显易懂。

教育与学生

一　何谓学生

（一）学生底特质

读此书者大概都曾作过学生，学生之含义如何，似乎不必再述。但是最平常的事易被人忽视。学生两字惟其太平常，所以还得一述。

照最通俗的字义讲，学是学习，生是生存，两字合起来，应当为学着去生存。一般人都称在学校读书的人为学生，但问读书的目的何在？自然是为着生存（广义的：合物质生活与精神生活而言），所以这两字照最通俗的解释，很能尽其应有之义。不过学有道，生也有道，决不是盲目的乱动。《说文》说："生，进也。"《学记》说："君子之于学也，藏焉，修焉，息焉，游焉，夫然故安其学而视其师，乐其教而信其道，是以虽离师辅而不反也。"生之本义为进，故人类底生活应为进步的，创造的；但现代的社会组织复杂，原始的本能决不足以应付，于是学为必要。学的方法与态度应当怎样，《学记》上那几句话说得很明白：因为学之为言效也，所以从师实为必要（广义：不只以学校教师为限），某人可以为师，自有其特长之点足资取法，即非与之亲而无由学得，故亲师为学的第一个条件。只有师无友，生活上固感孤独，学业上亦少切磋，故乐友为学的第二个条件。倘能亲师乐友，安学行道，而又对于所学能孜孜不倦（藏、修、息、游）地进行，学自有得，生活亦自有进步。

上面只说学生两字底意义及学生底目的，并不曾说到学生的特质。我想，谁也知道教育是以人为对象，在教育普及的国家中，谁也会作学校底学生；如其说学生有特质，当然不能离开人底特质。然而说学生底特质就是人底特质却又不对，因为人底生活是继续的，其范围自初生以至老死；学校学生生活则只有人底生活的一部分，即只以在学校的时间为限。各国对于学生在校的时间虽有参差，但学制所规定者大概均为六七岁至二十三四岁之十七八年间。此十七八年虽可细分为儿童期、青年期、壮年期，而生理与心理上均在发育，所以学生之第一特质无论在身体上或精神上均为向前发展，或简称之为生。学生之身心既向前发展，对于外面的好奇心盛而吸收力强；人到中年以上，饱经世故之后，遇事多持消极，而少年时代则一切任性而行，勇往向前。在此前进的历程中自然要遇着许多困难而遭失败，但因胸无成见，易为外物所影响，一切知识与技能亦特别进步得快。换言之，人生一世只有学生时代的学习能力最强，所以学生底第二特质为学。论学生底特质而以生与学为旨归，读者或以为这种解释，是一种文字游戏，实则事实确系如此，无论在生物学或心理学上均有确实根据。

（二）学生底职责

近来因为国事紊乱与学生嚣张，社会上对于学生底职责问题常有两种极端的议论：一是专以社会活动为事，一是绝对不问外事。主张前说的，以为学生是社会中优秀分子，社会上一切问题均当由学生处理：自政治、外交、罢工、罢市以至各界一切集会均须由学生主持一切；甚至误衍阶级争斗之说以学生与教师为对立的阶级，学生之一切举动均当以拥护本身利益为前提。近数年来各校风潮迭起，河南、湖南等省并演学商冲突的恶剧，此种议论之鼓荡，实为重要原因。顽旧者见学生嚣张，则力倡绝对不问外事的议论，并以军警底势力禁止学生一切活动。实则二者均过于极端。在现在内忧外患交逼的中国，学生诚不能不参加社会运动，但社会事业至复杂，一切事业之处理，均须有专门的知识，学生底学识纵或优于普通民众，然而决非万能，决不能处理一切社会事业，亦非现在学生运动所常用之开会游行、发通电与简单的机械方法可以处理；而况中小学生底年龄与知识要其了解一种社会事业尚非易事，更何能单独主持社会运动。至于以学生为一种阶级更属谬见，因为阶级争斗之阶级，是以生产为分类的标准，学生根本为分利者，而且在文明国家任何人都当为学生，决不能将此预备生产能力之一时代划为一阶级，造成昨我与今我成仇雠之局势，此阶级争斗之说决不能应用于学生界者。而且实际上教师与学生的关系决不能和雇主与工人相比：雇主取工人底生产余值以自利，工厂底一切设备为自利的；教师生活则以国家供给为本位，虽亦收受学费，但系取之于学生之保护者，学生根本非生产者，更说不到生产余价，学校底设备更以利学生为主要目的。至雇主与工人只以生产品为维系的媒介，完全为物质的关系，师生则以感情为维系的要素，大半为精神的；而且工人能生产，是自立的，学生则以受教育为目的，是被指导者。姑无论阶级两字在学生界不能成立，以被指导者而言拥护本身利益，亦未见得真能明白利益之所在（如反对考试）；以拥护本身利益为言而处决指导者之职务（如议会式的学生自治会），乃至于倡产生指导者（如"民选校长"），则更自处于指导者的地位，不独不必入学校受教育，且可教导学校教职员，无论在理论与事实上均不可通，然而近年的学生为此谬说所误者不少。因学生之嚣张，遂发生一种绝对不问外事的极端议论，此议论近来很受一些顽旧者之赞许，但其不合事理则一：因为学习的目的在扩张经验，改组经验，而获得经验的方法，不只书本的阅读，实际的活动也一样重要；而且处现在的中国，事实上亦每不容学生在校安心求学（如五卅惨案）；在相当指导之上参加社会活动，或对于某种问题有特殊研究。能应用学术指导民众而主持社会运动，亦是现在学生界应当作的事情；不过要有分际，不以社会活动而放弃其受教育的责任。至于现在的学校在事实上诚有许多不满人意，学生自然可供献其改革的意见，也可为改革的运动，然而决不能以阶级争斗的态度存仇视的成见。中国社会政治都极紊乱，将来改革的责任，现在的学生自然当担负大部分，不过社会改革需破坏，更需建设，破坏与建设都非学术不可。所以学生真正的职责：第一，是从实际上努力研求学术；第二，应用学术加入民众或领导民众为自决的、有效的社会活动以救国家危亡。换句话说，学生不要忘了自己是学着生存的！

蔡元培说："求学不忘救国，救国不忘求学。"我们应当说："求学是为救国，救国更要求学。"

二　儿童与学生

（三）儿童底心理

心理学者因研究的便利，常将人类生活分为幼稚、儿童、青年、壮年、老年诸时期，而以6岁以前为幼稚期，6岁至12岁为儿童期，12至18岁为青年前期，18至24岁为青年后期，24至48岁为壮年期，以后为老年期。人类在6岁以前，一切生活均须长者代为处理，普通在家庭施以非正式的教育，儿童此时虽可以学习许多事物，但大半为直接参与生活而来，家庭的父母并不立定计划专门教导；幼稚园虽收6岁以下3岁以上之学生，施以系统的训练，但亦只以语言及游戏为限，而且此种教育只是自由经营，不为国家所规定。6岁至12岁的儿童期在各文明国家大概都规定为义务教育时期，强迫使之就学，此时的儿童不独为家族中之一分子，而且被视为国家中的国民。此时期虽只6年，但照心理学家底意见又可分为两期：即6岁至9岁为儿童前期，9岁至12岁为儿童后期。儿童此时初与社会接触，经验不多而且纷乱无系统，对于感官接触所及的东西，都很感兴趣，但又不能明白其内容，于是时时求人指导，遇事既很好问，做事又好模仿，心理学者称此时期为模仿时期。儿童后期则因与社会相处较久，经验较丰富而有系统，对于自我有相当的认识，从前完全以他人之见解为转移，此时却自己有所主张，故心理学者称此期为自觉期。但此时因知识不充最易受环境底影响，而且所经过之经验，常能保持很长的时间，支配后来的生活。

（四）儿童教育的要点

儿童期正为小学教育之期。教育目的第二章中曾经说及，在予学生以基本的人生知识，养成其对于国家之一致的理想。现在所论者为教授原则。

"儿童为具体而微的成人"不独在中国有此观念，即西洋亦是如此，夸美纽斯（Comenius）、卢梭（Rousseau）、裴斯泰洛齐（Pestalozzi）、福禄培尔（Froebel）诸教育家对于儿童生活加以注意，与近代心理学者用科学的方法研究儿童，将其结果传布以后，西洋社会上始知儿童在形体上虽为具体而微之成人，而精神上则相去甚远。中国从前私塾之要学生背诵《四书》《五经》，或用夏楚威逼他们读书，都是不明儿童底特质所在。倘若你曾习过儿童心理学，自然知道儿童底种种异于成人之处，就不习过儿童心理学，也可以由日常的观察可以知道：（1）儿童是好动的；（2）注意不能持久；（3）好奇，好模仿。若要使儿童不像旧时私塾之横被摧残，消极方面应：（1）设法减少室内静坐与多用细筋肉的工作；（2）不用为儿童理解不及的教材；（3）不示以与身心有妨的行动。积极方面应注意：（1）尽量提倡与实际生活相联而为儿童力所能胜之工作；（2）关于历史、地理不易为儿童直接经验所及而又为国民所不可不知之材料，用演剧方法表演之，予他们以具体的印象；（3）对事公正、对人同情；（4）对于社会与国家之重要事项，时时以兴趣的方法演述之，养成其爱国心；（5）时时予以团体的训练，养成其奉公守法、独立自治的精神。

三 青年与学生

（五）青年底心理

青年期年龄较大，知识较充，身体与精神均有急剧的变化，几与儿童及壮年时期判若两人，故青年期又称为人底再生期。据心理学者之研究，青年前期之社会自觉性很强，青年后期之个性很显。儿童时代对于自己虽亦觉识，但对于群的要求不切，青年期不独好与人接近，而因为两性本能成熟，并有异性的要求。此时在知力方面，想象力、推理力、名誉心发达，遇事好追求因果，而且常为自炫心所驱策；在感情方面，同情与妒忌心均极盛，易受外物刺激而为尽量的发舒；在意志方面，责任心大、自信力强。因感情盛，故好恶常有过当之举；因自觉性强，故遇事好为估量，而且好执己见，不愿服从他人；同时对于个人前途、社会事情亦时时虑及而思将来如何立身，如何治事。总括说：青年时期在知识上求知之心甚切，无时不向外求发展，感情上易受刺激而失生活之常态，但亦极富牺牲的精神，意志上由个人中心活动发展为社会中心活动，合群负责，但行为易为感情所影响。

（六）青年教育的要点

青年为人底再生期，与人生前途的关系很大，教育亦很不容易。但教育者明白青年心理底特点而因势利导之，也可收很大的效果。我们知道青年时期因身心两方面之要求，诸事都向前进，便当积极地引导他向前活动，不可遇事压抑，以养成其反抗的态度与畏缩的习惯。此时期教育上之当注意者有下列诸点：(1) 激励自动。青年本好动作，无论教授什么，都可顺其性向予以自动的机会，使之自动研求。现在中等学校的教师上堂讲演，学生堂下静坐的习惯，最少应当革除。(2) 注意感情反应。青年感情既盛，其生活大半为感情所支配，有些事情在他本无恶意或者不甚关心，但因他人之激动或教师之不明感情变化，使其情面难堪，竟至发生极大的风波，故教育者之态度应和平诚恳，多予同情以引起信仰，并当时时注意艺术的陶冶，以变化其感情。(3) 鉴别个性。青年期自觉心强，自谋心亦强，对于社会上的事情，均取尝试的态度，教育者应随时加以考察，发现其个性之所在，而予以适当的指导，使之少耗时间与无益之试探。此外还有两事为国内主持青年教育者不甚注意的，即两性问题与团体活动。孟子说："食色，性也。"两性的要求原是根诸本能来的，而青年期因生理上变化，对于两性要求甚切，也最容易为外物所诱而误用。中国教育者戴"礼教"的面具，对于青年不言两性问题，甚至生理学教科书中不载生殖器，此种讳疾延医的办法，不知坑害多少青年！此事在青年教育上是一很重大的问题，教育者应当根据心理、生理、伦理上的原则予青年以正当的性的知识。团体活动在中国历史上即不甚注意，而近来因为群众运动发生流弊之故，教育者则从而压抑之，不许青年为课外活动，这不独因噎废食，而且要发生其他不良的结果；因为被压抑的感情与意志不得伸张，终当由他种方式表出之。教育者对此只当切实为团体的训练，使其活动遵一定之轨道进行，为国家训练良好公民，为个人养成治事才干。这又是青年教育者所当注意的一个重大问题。

四　成人与学生

（七）成人教育问题

　　照学制规定，学校学生时代为6岁至24岁，在此期内，由学校负教育之责，此后则不问。但实际上24岁以后之人在教育上还有两事为我们所不可不注意者，即失学的成人与已受学校教育的成人之继续修学问题。就一般人底见解讲，若果在学校受了正式教育，学问当已有相当的成就，当无继续修学之必要。实则高等学校不是人人所能进，在现在的中国，国民教育尚未曾普及，更何能说到人人受高等教育，则一部分受过初等教育与中等教育在社会上从事职业的人，自不能不继续修学以扩充其能力。即少数受过高等教育者毕业后亦须继续修学，因为大学教育虽优于中等、初等教育，但在专门学术上不过是基本的基础，要"肯构肯堂"，还得个人出校后继续不断地努力。无论作何学问与事业，都不是学校时代所能成就，即历史上也不曾有青年时期对于学问与事业上有特殊贡献的人。由此可知成人继续修学之重要。所以从广义上讲，人之一生自呱呱堕地以至奄奄就木均可称为学生，无时不当学习；不过儿童期与青年期之可型性（flexibility）大，特别宜于就学，故由正式学校教育之。受学校教育之成人既当继续修学，则人当视宇宙为一大学校，职业场所为实习场，努力不断的研究，而国家对于此种国民之修学机会，如职工保障不使为物质生活压迫，修学设备如图书、实验所等应当尽量供给。此为受过学校教育之成人教育问题。

至于失学之成人更当设法补救，因为人类底生活常因教育程度而发生冲突，例如共和政制之当维护，无谓迷信之当破除，凡受真正学校教育者都莫不以为然，而乡间未进校之村民则不时想望圣明天子出现，更时时崇奉偶像；其他如道德标准、生活习惯，更有许多因袭的见解。这种不进步的见解，固足以阻国家的进步，而因为生活习惯不同，思想差异太远之故，家人父子中常常发生许多无谓的争端而减少人生底乐趣，因而影响及于社会国家者甚大。照现在的情形，中国人口已达44000余万（据民国十一年［1922］邮政总局调查），而学生只670余万人，平均须70人始有一学生，此84%不受教育之人民，成人当在半数以上，非急谋补救不可。现在已有平民教育之提倡，但平民教育之工作，大半在于使平民认字，认字后之继续修学设备如通俗图书馆、教育馆等更不可不注意。

导读 　在本文中舒新城提出一个重要的教育观点，即中国是数千年小农社会的大国，中国的经济制度、社会习惯，与欧美、日本不同，因此照搬外国的教育建国方针未必适合，中国应建立自己的教育建设方针。

中国教育建设方针

一

　　教育只是一种工具，可以用它建国，也可用它亡国。不过讲教育的人，除了特殊情形——如英国之于印度，日本之于朝鲜——外，都是主张用来建国的。可是在事实上其结果往往不能如所预期，这是由于教育者不曾看清它的性质所致：中国三十年的新教育就是最明显的例证。

　　中国自鸦片战争而后，屡次为外患所屈，几至于国将不国，于是国人看得日本之改行新教育制度而强国，也忙着仿照日本的方法以图独立自强。可是当时执政者对于新教育制度，只在应用方面看见它是一面很锐利的斧头，以为它曾经为欧美、日本人用过造就了许多高楼大厦，拿到中国来当然也可以如法炮制。殊不知高楼大厦之造成，其关键之最重要者在有可施准绳的材木与能施准绳的良匠，斧头不过是建筑上应用的许多工具的一种，虽然也属重要，但是仅仅只有它，高楼大厦决不会造成；而且用得不当，反会戕害生命。所以讲教育的人只在教育本身上用工夫，而不注意于教育材料的社会环境、历史背景，也不注意于实施教育的教育政策，结果就算不戕害生命，也是徒损材料而已。

百余年来，中国受着国际资本主义的压迫，国内经济发生重大的变化，教育制度自然不能死守闭关以前的办法。但中国是数千年小农社会的大国，她的经济制度、社会习惯，根本与欧美、日本工商业社会的小国不同；数十年来虽然因世界潮流的驱策，而逐渐工商业化，然而因为地大物博，产业落后，在物质文明上决不是数十年所能与英、美、德、日并驾齐驱；即使在物质文明上追及各国，农业的社会制度终无由消灭。所以建筑的材料，无论何时，中国终久是中国的，在现在，尤其与欧美、日本各国不同。要把这些材料化成高楼大厦，第一要施准绳的大匠胸有成竹，第二要这大匠能善用各种利器，不可单靠一把斧头。这就是说，教育只是建设的一种工具，并不是建设工具的一切。

明白了教育工具的原则，教育家庶可不至中夸大狂，以为宇宙间的一切问题只有教育可解决；同时也可知道一把斧头决不能建成高楼大厦，必得先审量建筑的材料，重视大匠的指挥，接受锯子、凿子等等工具的互助。

二

主张教育建国的人固然要看重教育以外的各种建设事业，同时也要明白所欲建设的国家的社会环境、历史背景特点之所在，更当彻底了解的是教育对于社会国家的三种责任：第一对于已往的文化负继承的责任，第二对于现在的负适应的责任，第三对于未来的负开创的责任。人类的生活是进化的，其所以能进化是因为能踏着前人遗留下来的陈迹，步步上升；可是前人的陈迹，不尽是可用的，必得加以选择；所以继承有两种作用：一种是选择，一种是保存。所谓适应现在，即是把现在世界上各种生活样法，根据个人与国家的需要加以择别，而拣其最切要者介绍给未成年的国民，使之从事学习，而获得愉快美满的生活。至于个人虽要死亡，但种族是永久生长的，倘若只以满足现在的需要为限，而不注意未来的发展，则一面既有负未来的种族，一面更对不住先民的遗业，所以又得根据既往与现在的经验，以创造未来的坦途，使人类为无限的发展。因此教育的目的应有两类：一为普遍的，即人的教育，无种族国籍之区别；一为国家的，以本国需要为转移；而终极的目的，则在促进人类全体的进化。

在促进人类全体进化的大前提之下，自然有许多不同的方法，各种方法的采用常随各人对于社会现象、历史背景的观察及解释而定。然而也有不逾越的公共条件：即"人"与"国家"的实证事实。这就是说，从生物学上证明人的生活异于其他动物的生活，我们决不能用其他动物的教育来教育人类；又从社会学、经济学上证明农业国家的社会生活大异于工业或商业国家的社会生活，我们便不当以工业国家或商业国家的教育来教育农业国家的人民。第一个问题为哲学的，我们现在暂不研究；第二个问题是实际的，我们且据以讨论中国的教育建设。

三

中国自同治元年设立同文馆以来，无时不想利用教育强国，然而结果适得其反：第一是由于大家忘了教育以外的建设事业，如交通、产业等等更重要的问题；第二是忘了中国是一个小农制度的大国；第三是忘了教育上第一第三的两种重要责任。因之，数十年来的新教育，第一，不能得各种事业的辅助而无由发展；第二，现在所有的新教育只是一点外国的形式，根本不适合中国社会的需要；第三，新教育对于中国固有文化、未来事业，并不曾有所发扬、创造。今日要讲教育建设，首先当注意此三事。

教育以外的各种建设，自然不是教育家的专责，然而教育家却不可不注意，因为教育在政治上是内政的一种，在人生上是社会活动之一种；它的发展与衰败，无处不为他种事业所影响，其进行的方针并常为政治所决定。倘若教育并不注意实际的政治问题、社会问题，如现在教育家之不问国内家庭、工业生产制度的情形而贸然提倡机械工业的教育，其结果自然不独无益而又害之

——增加许多游民。我国在历史上原是政教不分，所谓教育家，对于国家政治、社会建设同时负重大的责任；自前清改行新教育制度以来，因种族问题、思想问题的种种原因，教育界乃常与政治界立于对敌的地位。执政者既不愿教育界参加实际的政治活动与社会活动，教育界亦常在教育万能的迷梦中，以为教育改造之后，其他自会跟着改造。谁知学校教育的势力与实际政治、社会环境相较，实不啻沧海之一粟，根本不能昂然独立。所以数十年来，教育界虽时时与政治界及社会作激烈的混战，结果则教育无不弃甲曳兵而走。这是现在言教育者应当深切反省的。

"中国以农立国"数字，也不时有人道及，然而数十年来的教育家，却始终不曾注意于此立国的根本教育，并且不知道此立国之特点何在。自光绪二十八年建立新教育制度以来，教育宗旨、学制系统虽都曾变更数次，但宗旨自光绪三十二年学部奏定之教育宗旨，以至国民政府教育行政委员两次所拟的教育方针草案（许崇清、韦悫），始终不曾有人提及专门发展农业的事情；在学制上自张百熙奏订的学堂章程至十六年北京政府修改的学校系统，及国民政府屡次所公布之各级学校条例，都只在模仿所谓日本、德国、美国、法国的教育制度上用工夫，从不曾有人从中国历史背景与社会环境上创立一种中国的教育制度。中国以农立国是人人所承认的，现在中国的教育制度是工商业国家的产物而不适合中国社会的需要，又是人人所不能否认的。则我们应当新辟一条路径，似乎也是无疑的。

因为数十年来，教育家不曾看清中国社会的特质，所以各种教育设施都只于应付临时问题而止。历次也曾由教育行政机关公布通行全国的教育宗旨，但实施上却从无一种确切的方案。世俗的潮流要整理国故，初中学生亦施以国学教育；世俗的潮流要反科学，于是教科学、学科学者便是反革命。这样的教育，应付问题还不暇，哪能负继承文化与创造文化的责任！

四

三十年来新教育的源泉短浅既如上述，所以一遇骄阳，便立见枯竭。此数十年来骄阳之最厉害的要算五四运动。

在五四以前，新教育自然也和五四以后一样地不适于中国社会的需要，然而那时社会上的传统思想尚能保持其相当的威严，世界新思潮还不能尽量输入，而新教育的弊端也还未完全暴露，所以社会上对于教育效果，虽感不满，但只不满而已，并不为急剧的破坏，甚且在不满的情态中求补苴的方法——如职业教育。自欧战发生，世界思潮既已发生急剧的变化，国内思想界自民国六年《新青年》对于旧思想、旧伦理、旧习尚为激烈的攻击而后，从前所恃以维持社会秩序的礼教逐渐发生动摇。及欧战停止，世界潮流既逼迫于外，国内青年对于社会、政治各方面均感不满而发生改造的自觉。此时学术界既无中心思想，足以领导群伦，而政治界的设施，更与民意相背，于是以种种原因，竟酿成五四运动。五四运动在当时可算是一种成功，因其成功，所以旧思想、旧信仰完全破坏；因其成功过速，事前无充分的预备，所以于破坏旧思想、旧信仰以外，竟无新道路可走。于是凡世界上各种政治主义，各种经济思想，皆于此时乘虚而入。自八年而后，思想界的紊乱达于极点；在政治上有倡无政府主义者，有倡政党政治者，有倡法西斯主义者，有倡苏维埃组织者；在经济上有主张共产主义者，有主张国家社会主义者，有主张基尔特主义者，有主张集产主义者；文艺上则更有所谓人生之艺术与艺术之艺术及革命的文学与文学的文学之争。教育在此混乱的潮流中，也时而趋重民治主义，时而趋重国家主义，时而主张军国民主义，时而主张大同主义。自十一年而后，国内政党发达，因中国人民不识字者占百分之七十以上，政党不能向一般人民宣传，乃以青年学生为唯一的对象，于是教育成为政争的工具，而更扰攘不安；弄到教育者应付不暇，而有"愿世世生生不再投胎作教师"（吴稚晖语），学生则"变为政争之用品，由互争而互斗，由互斗而相杀"（中国国民党中央执行委员会第四次全体会议宣言语）。这种现象，实为历史上所少有，"历时愈久，流毒愈深，不但教育破产，一切社会机能皆将濒于绝境"（同上），所以先觉之士，看不过这教育亡国灭种的情形，乃有教育建设的呼声。

五

我个人不信只有教育方能建国，然而却深信教育是社会建设中的一种要务。我国自清末以来，在政党史上，教育从不在任何政党中占得重要地位；即有所谓教育政策，亦只是"有那么一回事"的配门面，根本不是教育的教育政策；而注意于教育建设事业者更是极少极少。十七年二月，中国国民党中央执行委员第四次全体会议宣言，特别注意建设事业，并将教育建设列于内政建设之次，国民经济生活建设之前，而占六个方针之第二位。从事教育的人，大概都会欢欣鼓舞，日望教育建设实现。然而在我看来，这次的教育建设纲目即能实现，仍是与中国的国计民生无与。原文对于五四以来的教育弊端诚可谓说得明晰无遗，但对于未来的方针仍是无关大计的枝节问题。为讨论便利计，兹引其建设纲领之全文如下：

"救济之术，首在保障教育之独立，充实教育之内容，防止青年之腐化恶化，普及国民教育，提高民众知识，以造成健全之国民，方为建设国家之基础。而对于女子教育，尤须确认培养博大慈祥之健全的母性？实为救国保民之要图，优生强种之基础。"

现代青年变为政争之用品，要防止恶化腐化，自然是应该的；在这误解男女平等、女军国民思想流行的时候，主张女子教育以培养博大慈祥之健全的母性为目的，亦未尝不是救时之药；其他如保障教育独立，充实教育内容，普及国民教育，提高民众知识，也都是中国教育上应有的事情。但是，凡此种种，当本什么方针进行？教育内容的具体事项何在？教育建设最后的目的到底怎样？这些纲目除了应付目前的问题外，在中国历史背景、社会环境有什么根据？这些纲目全部实施了，对于中国前途的利益何在？对于现在国际的经济压迫是否能解放？对于中国的产业是否能发展？对于中国未来的文化是否能创造？我以为决不能有确定答复。而且我敢说即使这些纲目完全实现，亦只能使现在政争用品的青年稍能安心读书，扰攘不宁的学校略能安稳维持，"愿世世生生不再投胎作教师"的教师暂能安于其业，于国计民生固无重大关系！

六

七八年来，我的时间大半用在治近代中国教育史上，凡近代中国教育史上有关系的材料无不尽量搜集。自国民政府建立于广东以后，其重要教育文件，大概都曾过目。十四年后党化教育问题发生，国民党党员之作文著书论党化教育（现在此四字已由大学院大学委员会及政治教育委员会议决不用而成为历史上的名词了）的很多，然而都是无关大体的。惟十五年许崇清发表的《教育方针草案》一文提及产业教育，注意到现在中国的经济问题，而谓产业教育的奏效"必定要革命的实际政策、现行经济秩序里面展开了新经济秩序的诸要素，学校教育同时又与这些进步的要素相协动，然后才能成功"。这几句话已略示教育建设必得社会上各方面——尤其是经济方面——建设同时并进方能收效的见解，要可视为近时教育政治家的特见。惟其论产业教育只泛称农业工业，而忘去了中国立国的本源，所以提出的方针十四条，仍无何种颠扑不破的根据。也惟其忘去了中国立国的本源，所以对于中国现行学校制度及教育行政制度都完全不发生问题，更说不到具体方案。总括说来，十三年而后，中国国民党于执政时期尚能注意教育建设问题，自然比置教育于不问者超越多多；然而统观他们所发表的教育建设方案，仍然不得要领，还须有深切的研究。

七

自近年国内政团繁兴而后，或因政见的根本冲突，或因政权的利害冲突，在教育见解上亦发生许多歧论。但在我看来，除了在政治哲学上根本不承认国家存在者外，不论政团的政见有若何差别，但其总目的都是"为国为民"；所谓政见不同，不过是"为国为民"的手段不同而已，并不是最后的目的有何种差别。因此，除了政治上的教育政策，还有中华民国的教育建设。本篇的结论即在提出此种根本的教育建设之方针。

此处所谓中华民国的教育建设，第一认定中国应当独立存在在世界上；第二认定教育是建设中国的工具之一种；第三认定要谋中国独立，非先从经济上着手不可；第四认定中国历史上是小农制度的国家，现在的社会组织固然如此，而且将来亦不能推翻此农业制度，故教育设施的一切要素，均当以此为根本。本此认识，故对于中国的教育建设有下列的根本主张。

第一，中国自鸦片战争而后，无时不受国际经济势力的压迫，近年军匪横行，民不聊生，就是这种经济压迫的结果。中国此时要求经济独立，对于外交上之取消不平等条约与内政上之关税自主等等，固然都是很重要的事情；然而仅止于此，还是不能独立；因为从近年海关统计看来，中国历史上所自豪的家给人足的饮食品如五谷类、衣服原料如棉花等，进口率均年有增加（详见《新生命》创刊号、武堉干：《中国进出口贸易之比较观》），很足以表示中国农业的衰败。衰败的原因自然有许多是属于内政不良；但农业保守故常，既不从积极方面以改进生产率，又不能在消极方面抵抗天灾，以致供求不给，实为要因。我国在工商业上固当利用保护政策，以求制造发达与原料品输出之减少；然而中国人民百分之九十以上为农民，我们不能而且不当将此大多数的农民尽使之变为工人商民，即使将来工商业发达，也不能将地大物博的农业本位制度推翻。所以要求中国经济独立，无论何时都当以改进农业为主，改良工商业为辅。教育方针亦不能外此。

第二，中国以农立国固有深长的历史，即在将来亦不能推翻此种农业社会的根基；故社会上一切文物制度均有其特殊的精神。最显著者是家族观念与均产思想之发达。此种观念与思想之发达，其缺点在保守依赖，缺乏竞争心；其优点则能维持社会上各个分子均齐发展，无阶级的斗争。在教育上则以正心诚意推而至于治国平天下的人本主义为主潮，所以师生的关系亦以家族关系衡之而称之曰"师父""弟子"，朋友则列为五伦之一；而顾念亲戚、体恤邻里更为日常生活中之当然德目。以与西洋工商业国家以自然主义为教育上之主潮而重视个人竞争的情形相较，完全立于反对方面。现在我们自然不当专守历史传衍下来的人本主义的教育，而演那庭前格竹子的笑话，应当采取科学的精神与方法制驭自然；然而也不可专重外力发展，置内心修养于不顾。所以今后的教育在哲学上应当注意于人本主义与自然主义的调和。

第三，农业国家的社会，一般人的生活目的都在于求家给人足，所以不向外发展。这种生活态度，一面维持着家族制度，一面使物质上交通不发达。清末改行新教育制以来，一般教育家、政治家不明此种情形，只努力于模仿工商业国家的教育制度，一面将学校教育工厂化，而以整批生产的方法出之；一面将中等以上学校集中都市，而使乡村青年不能不向都市求学。此种整批制造的学校教育制度，原是欧洲工业革命后社会环境所造成的；我国社会至今还是小农制度，社会环境本无此驱策，而贸然行之数十年，以至弊端百出；现在则此种不合人性的教育的制度，在欧美日趋衰败（美国教育家组织之 Progresive Education，与世界教育家组织之 The New Era 两种季刊，抨击现教育制度与提倡个别教育学的文章极多），中国仍然竭力提倡，而将中国旧日书院制、私塾制的师生的人的关系与独力自学的精神完全抛弃，已算失策。至于欧美交通便利，乡村与都市的生活程度相去甚少，学校集中都市，学生就学，在负担与交通上均无困难；中国则都市生活程度常超过内地乡村者数倍，交通尤极困难；内地学生常有费数十日时间而不能达求学之学校所在地者；在经济负担上既加重甚多，而远适异地又与家族观念相冲突。所以三十年来新教育在数量上可言成绩者只有都市的教育，内地乡村则反而日趋日下。长此畸形发展，不独教育无由普及，而且因都市与乡村生活的差异，在思想上要发生冲突，以致国内人民发生战争，亦属常事（中国之连年内乱，此亦其一原因）。故现在中国的教育，在学校制度上须一面提倡独力自学与师生的人的关系的精神，力挽工厂式整批生产与商业行为的颓风；一面须仿书院制的办法，在乡村设立图书馆、科学馆、体育馆，延请指导员负指导责任，使农民子弟不增加生活上的负担而能自由求学；其学业标准完全以考试制行之。各级教育完全免费，并用奖学制度补助贫苦学生的直接生活费，以发展其天才。

第四，中国因交通不便，各地风土人情差异之处甚多，生活需要亦彼此不同，教育行政上决不能采用中央集权制度。从历史上看来，清末改行新教育制度以来，教育行政均为中央集权，不过中央的权力只在民国八年以前能行使，五四以后，便因政治问题而逐渐丧失。但集权制最占势力的时候——光绪三十一年设学部至民国五年洪宪改元——学校在数量虽较有进步，而其内容则机械地遵守部章，乃至东三省无橘子地方的初小亦完全照审定教科书于十月教橘子，广东十二月教雪，于社会需要、学生经验全不顾及。民八以来，中央集权制丧失效力，各地对于课程教学以至于教育宗旨，均自由试验，自由厘订，而全国教育究无一种公共的目标，致国民意识日趋分裂。所以就中国的情形论，教育行政既不可专采中央集权制，亦不可专采地方分权制，应将二者调和。在立法与行政方面均当严格规定中央与地方的关系及其权限，尤应组织教育立法、教育监察的独立机关；在经费方面更应当将中央、地方及特殊——如不属于二者之学术机关——三方面确立预算，行使独立会计制以保障之。

第五，因为中国数千年以农立国，历史背景、社会环境，自然异于其他各国。故各级教育的科目，决不当模仿他人，如从前规定小学亦须有外国语与中学以外国语为主科；亦不当如某种教会学校对于所谓汉文课程仍令儿童熟读"四书""五经"。教育的功用在于继往开来，中国有数千年的历史，自有其特殊的文化。不过因为是农业的国家，人本主义特别发达，而侧重于正心诚意的内修工夫。此种特质在追踪欲望不及而自怨自艾的物质压迫时代，自然有其功用；惟因重视内修过甚，对于自然不加抵抗，甚至自信为落伍民族，对于国家独立的自信力亦无之，则为害甚烈。故在课程上，一面要从固有的历史中寻求先烈丰功伟绩的事迹以坚定国人对于国家的自信力，一面要特别注重科学精神、科学方法，养成力能遂志的国民，以创造未来的文化。

以上五事，只是一个大纲，然这个大纲，系从过去数十年教育失败的经验中寻出来的道路，在历史背景、社会环境中均有相当的根据。我虽不敢说："江山可改，吾言不易"，但我却敢说：要建设中华民国的教育，在最近的数十年中非走此路不可。

此篇只是中国教育建设的发凡，其各项具体方案，当另篇详述，读者如有批评指教，不胜欢迎之至。

1928年

导读 这是一篇写给青年教育家的公开信，饱含了舒新城对青年教育家的殷切希望，全文充满了浓烈的个人情感，结尾清晰地谈到了教师工作的性质，给有志从事教育的青年以劝诫。

致青年教育家

最可爱敬的青年教育家：

在这革命空气弥漫中国的时代，你们不追随革命的贤哲之后，从事政治生涯、社会活动，以求满足物质欲望，建立煊赫功业，而独潜心于饥不可食、寒不可衣的教育研究，或兢兢于清高其名、卑贱其实的教育事业；你们的成功虽不可期，你们的志愿却着实可钦。所以我不避冒昧，于预备改途的百忙之中，而作这一篇书信。

我曾藉教育之名生活十余年。在某个时期，并曾蒙社会赐以某某教育专家的称号，而效当代的伟人口不停讲、脚不停步地奔走四方；即在目前，也不时有识与不识者千里致书、踵门叩教地询问研究教育、从事教育之道。我于教育虽然不是识途的老马，然而十余年的生活，却也有许多可以供诸君参考的地方。只可惜《教育杂志》的篇幅有限，不能容我们细叙衷曲，只得就我数年来萦绕在脑中的思虑以及许多爱我的青年所提出的问题，简单述之。

当这革命空气弥漫中国的时代，青年占至高无上的地位，是一切事业的根本；你们不他求而独献身于教育，我想一定有重大的理由的。我非你们，当然不能尽明白你们理由的所在；然而从我过去的经验与现在的接触中也可以推知大半。好在这是无关国计民生的私人书函，推算有误，也无妨害，姑且让我猜猜罢!

我想你们现在正从事或将来预备从事教育的最重的理由，大概以为教育是清高的、神圣的事业罢! 不错，"教育是清高的、神圣的事业"，是社会上一般人所常道的，就是政府将教育费挪作别用，积欠教职员薪脩至三十个月以上，遇着教职员哀请发薪以维生计的时候，那些聪明的官长也以这句话为安慰教职员唯一法宝。自高官以至百姓，都说教育是清高的、神圣的事业，无怪乎后进的你们，也跟他们的清高神圣而清高神圣之。可是你们要知道，这句话到底是怎样解释的? 其效用如何?

清高与污浊，神圣与卑贱，是对待的名词。说教育是清高、神圣的人，虽然不曾下一个全称断定，说教育以外的事业都是污浊卑贱的，但至少总认定教育是社会一切事业的鸡群之鹤，足以压倒一切。他们的意思大概以为教育是立国之本，国家是神圣，国本当然更神圣; 而从事神圣事业的教育家，纵然降一级不以神圣自居，总可以自称清高以保持尊严。至于其他的一切社会事业，虽然也有其存在的价值，但都非根本的，当然不能兴国本攸关的事业受同样的尊号了。这当是他们清高神圣教育事业的第一个重大理由。

其次，他们从事实上立论，说教育是指导人的活动，教师是人的模范，不若政治之替人民作事，实业之替社会创业，而有同党竞争、同行嫉妒的污浊行为、卑贱勾当。教育界既无污浊卑贱的事情，当然可以清高而神圣之。

这些理由，骤然看来，似乎是正大的，所以许多自命为教育专家的以此倡，而无数的有为的青年也以此应。但是，过细考察一番，便会发现它们的谬误，而根本不能成立。

在现在的世界，国家是否神圣，我们且不必细论; 假定它是神圣，教育事业是否也因着它的神圣而神圣之，教育是否也因着它的清高而清高之。从事教育的人为保持他们的尊严起见，自然要说教育是有关国本的神圣事业。但是红枪会的首领、耶稣教的牧师，也说他们的供奉真神、服事上帝都是保国福民的根本要务，若是没有他们，好像人心不古，国将立亡。在他们看来，世界上的事业没有比他们的更重要的，当然可以称作神圣。而且在中世纪，教育确曾作过宗教的奴隶几世纪；就是现在的中国，信敬神为神圣的人，恐怕比信教育为神圣的人还要多若干，教育又安得独霸一切？

你们或者说，这是主观的神圣观，不可以拿来衡量客观的教育事业。这话当然不错，但从客观方面说，教育在人生、在国家的地位，也不过如其他各种社会事业，与农工商等相当，教师也不过等于厨子粪夫而已，更找不出什么高贵的原素在哪里。我说这话，自命神圣的教育专家听得，或者要怒发冲冠地不高兴；你们读此，也会要说声"岂有此理"。但事实如此，怒也无用。只要平心静气地想一番便会知道。"许子若不惮烦"，我还可以略举一些证据。

讲教育是有关国本事业的人，无非是说教育以灌输知识、培养德性为目的，人民的知识高了，德性好了，国家便会因之而强。人的知识与德性是否是现在的所谓教育能灌输能培养，我们姑且不谈；即使能之，也并不是什么根本事业。因为世界上的一切，都是从人生出发的，人若不能"维持"其生命，无所谓知识与德性，更根本说不到灌输与培养，所以世界最根本的事情是吃饭，能解决吃饭问题第一是农业、第二是工业、第三是商业；倘若中国先没有这三种人，教育家除了实行神仙的绝食、野人的裸体而外，连生命都不能保持，更何有于神圣与清高！再就实际的需要讲，现在的社会固然需要现在的教育，但是现在教育所制造出来的双料少爷，大概四体不勤，五谷不分，倘若没有厨子替他们烧饭，粪夫替他们挑粪，就是有农工商人替他们作了种种的事情，还是生活不了。以厨子粪夫与教师并列，教育家或者以为有渎尊严，实则现在的学生们，离开教师，有厨子与粪夫还可以生活下去，倘若仅有教师而无厨子与粪夫，恐怕大家都会无办法。

再就事实上讲，教育界果真比其他各界清高吗？果真无钻营奔竞的事实吗？你们即使不能亲身经历过，至少也当在报纸上看见过倾轧排挤的纪事；倘若你们在学校曾经过几次风潮，作教师曾碰过几次钉子，便知道教育界的钻营奔竞、倾轧排挤的种种污浊行为、卑贱勾当，并不亚于其他各界，也不弱于大众所深思痛绝的政治界，甚至于足资他人仿效，则所谓神圣清高者又在哪里？

因此我劝你们千万不要如迷信上帝和真神的人们迷信教育家的狂言。你们如在人生的许多活动之中，而欢喜干教育事业，只可把教育当作平淡无奇的东西而效厨子粪夫们的各尽所能、努力干去就行了。不必幻想着什么神圣、清高的安琪儿，而自高其身价；更不必不自侪于百工之列，讲些什么"只问工作不问收获"的傻话，等他人把你们劳力所应得的报酬骗去，而犹效四五年前北京某校校长某先生说教育是清高的事业应当枵腹从公的谰言。

你们神圣与清高的梦，也许因我这番话叫醒来。可是，我想，你们还有一个大梦，就是从"教育是立国之本"一语中推演出的又一个意义，说教育是改造社会的唯一工具。这种意义自然是由来已久。"教育万能"现在虽然不尽为人所信，但在教育史上确会有它的地位；就是政治家、军事家也常常将他们苦心经营所获得的政绩，枪林弹雨中所得的战功，都要加到教育上去。日本的伊藤博文首相、德国的毛奇将军，是大家所知道的好例。教育家为求精神的安慰，既然效阿Q精神胜利法的方法屡唱教育万能，而政治家、军事家又从而和之，无怪世界上成千成万的青年志士怀抱着改造国家社会的宏愿，都投向教育的旗帜之下，以求实现理想的天国。虽然也有若干志士，以追求不遂而灰心、而短气，然而大都是自怨自艾，恨自己的力量不够，总不闻有"教育叛徒"直接怀疑教育的本身。我对于教育不过是藉其名生活十余年而已，无"艺术叛徒"对于艺术那般精深的修养，不敢自称"叛徒"，但对它的功用，却也不时以直觉估量估量。所得的结论，或许可以供你们参考，也未可知！

在教育是神圣清高的概念中，教育家已经假定它是超越其他各种社会事业的；在教育是改造国家社会的唯一工具的概念中，又假定它是能支配其他各种事业的。这第二种假定，在五四以前，教育家大概不曾发生疑问。五四而后，为着经费问题，而有教育独立之说，已渐觉得社会上的他种活动如经济政治之类足以牵动教育，但犹不认教育是受政治经济的支配的，故倡教育独立。实则社会上各种事业的关系，彻底追究起来，本是"鸡生蛋、蛋生鸡"的循环问题，永久不能得着一个最痛快的解决。可是从大体说来，总有点先后的次序。把教育和人生可有可无的宗教比，它们可以两不相涉，也可以彼此互相支配；但把教育和政治及经济比，它便根本是附属品。教育家自然希望教育独立，而且希望其他的一切都得受它的支配，可是在事实上，教育是内政之一部，要它离政治而独立，理论上固然不通，即在实际上又何曾有丝毫效果。中国、俄国、意大利的党政府且不说，试问世界上也有君主专制国而行德漠克拉西的教育政策，共和国而有以尊君为教育宗旨的吗？教育的设施都要根据国家政治的变迁而变迁，教育家的十年经营，当不着行政上的一纸命令，所谓改造社会国家的力量在哪里！在经济方面，教育更是它的奴隶，它对于教育也有生杀予夺之权。别的且不讲，何以廓美纽斯、劳沙尔的班级教学先后倡了百余年而无人问，一到英国工业革命后，兰凯斯德一倡便风行世界？何以日本维新与中国变政同时采用西洋教育制度，而日本以强，中国至今还在迷津里面兜圈子？倘若我们把廓美纽斯、劳沙尔、兰凯斯德时代和中国与日本的社会经济制度过细分析一下，便会知道教育所以有如此如彼原因，便会知道经济对于教育的势力之大。教育在一切社会活动中，也是剧场中不可缺的一个角色，若硬派它以鼓手的威权，要它支配全场面的活动，却未免把它看得太重。

自然赋与人类的生活机能太坏，坠地而后，不能如鸡鸭等可以自寻食物，而有赖于父母的养育；又因为人类太聪明，把原始的社会一代一代的造成现在这样花团锦簇的世界，后生小子要在社会上生存，更不能不仰仗前辈的指教。人类受着这两种原因的限制，不能不要教育。教育便成为一件与人类共终始、谁也不能否认的事实。不过这种事实，原是本着本来需要自然而然发展的，初无所谓教育家，更无所谓教育科学。后生小子在生活上有问题时，与老前辈共同生活，模仿他们的办法去办就是了，用不着专司教育的人，更用不着什么教育的科学或科学的教育。自从有些阔人仗着他们的权力与财力，威迫或雇佣他人教育自己的儿女，而自己则腾出时间来作别样的事情，于是有所谓教师。教师的目的既在以教书为职业，自然要迎合雇主的心理，而创造出许多的学理，牢笼雇主，如牧师之藉上帝之名以牢笼教徒的一般。于是所谓"师者人之模范"，"一日为师，终身为父"的格言产生出来了，尊长的架子摆出来了，赏罚的威权也拿出来了。于是教师是永久站在严父的方面作威作福，而同时又藉教导后生的名义领薪俸。于是所谓教育家的生活便永远堕入虚伪地狱中，而以种种的假面示人了。

你们是青年，青年的血是沸腾的，青年的心是赤灼的。你们未经尘世的波折，对于宇宙间的一切，都拿着你们赤心沸血的心情去推算，你们不从事于他种职业的预备或径从事他种职业，而毅然从事于教育，对于教育自然有大欲存焉。可是在我看来，所谓藉教育以改造社会的宏愿固然难于实现，而清高神圣的理想也只好托诸梦幻而已。在现在的社会，凡可称为职业者，无清高与污浊、神圣与卑贱之分，教育就勉强算作一种职业罢，也无所独异于他业之处，当然不能效牧师的口吻说藉上帝之名讨生活是替天行道，当然无所谓清高与神圣。若是就实际上说，从事教育的人都如朱熹老夫子所描写孔圣人一般，三揖三让地在那里避贤路，鞠躬尽瘁地在那里尽职务，恐怕就把往古以至当代的所谓大教育家者一一起而质之，他们也只好以莞尔而笑曰："迂哉小子！"以表示其师道之尊严而已。

你们还是青年，我不忍把教育界种种钻营奔竞的事实告诉你们，致停止你们血的沸腾，消灭你们心的赤灼。但是，就你们最纯洁的经验中，也可以推证到教师所过的生活是人生最虚伪的生活。这种虚伪的生活，不是某人如此或某地如此，而是从事于教育职业所不得不如此。

你们是青年，当知道感情是生命的原动力，感情的奔放是推进生命的发动机。然而你们更要知道，教师的生命中是最乏这种原素的。教师也是人，他们当然不是生来便无感情的，只因他们要图雇主的欢心，要保持他们职业的安全，不能不泼息了生命之焰，而另换一付假面具对人。他们所以要换面具的原因，就是要求符合"师者人之模范也"的那句格言。

"师者人之模范也"这句话确有势力。小学校的孩子们，他们洁白的心中什么东西都没有染着,便受了这句话的暗示——是由于社会暗示他们的——而尊崇他们的教师如天神一般。教师,在小孩子们看来,无异全知全能的上帝;教师所讲的话,他们都奉为金科玉律;而教师们为欲维持其尊严与实践为人模范的格言计,也不惜常常假造许多的论证欺骗天真的孩子们,而掩饰他们的无知。中学生年龄渐大,知识渐多,对于教师的言行,不尽视若天神了,但教师之为人模范的观念仍然如故,知道学生不大易受欺骗,则以去而远之为法门;大学教授之与大学学生,更如孔二先生之见鬼神,去之惟恐不速矣。

为着要实践"师者人之模范也"的格言,教师们不得不以假面具示人,不得不过虚伪的生活,更不得不窒息感情。

人心之不同各如其面,人情之不同亦各如其面,一人处于众人之中,在感情方面自然有厚有薄,然而教师对于学生决不能分厚薄:张生死了,得送一副挽联,李生死了,也得送一副挽联;倘若有所厚薄,在教师固然失其尊严,在学生乃至于在社会都啧有烦言。

教师的生活中不能有感情,所以他们的言行都是此庸人之言、庸德之行;他们不敢破坏风俗习惯,尤不敢不服从风俗习惯。倘若社会是多妻制,他便不能不多讨几个老婆以为后生倡;社会是资本主义,他更不能不创出许多合理的论证以供资本家采用。

教师的生活没有感情,所以他们除了循规蹈矩地生活下去以外,不能有什么大创造,更不能有什么大破坏。你们不信,试把中国以至世界的教育史翻阅翻阅,看看真正的教育家也曾在思想上、学术上、行为上有革命的事迹吗?再举一个近例:《新女性》译载柯伦泰的《三代的恋爱》的文章,征求答案,也曾有所谓教育家有答案吗?他们的内心也未尝无生命之火在那里燃烧,只为着罣碍一切,不肯让它燎原罢了。所以教育家是虚伪的,不革命的;然而也不是反革命的,他们只是随波逐流的庸人。所以我劝有特殊创造能力的不必一定要从事教育,幻想清高神圣生活的不必一定要做教师,要想改革社会国家的不必一定要学教育。教育是庸碌的事业,教师是庸人干的。

看《教育杂志》的青年们，看得我这封信上所说的，或者要发生反感，或者要自怨自艾，不该从事教育，发生反感且待反感出来再说，至于因此而悔不该从事教育则亦大可不必。虽在我看来，教育只是一个实际的活动，它的本身，并无好多可学的，要从事教育，只要把它与有关系的科学学好，再实际参与一些工作就行了。但是，若果你们曾费了时间在所谓教育科学上，将来从事教育自然可以用得着，即不从事教育，也可以当作常识应用到别的方面去。你们或者也知道文学家的张资平罢，他的小说常题着地质学上的名词，也足以证明他在日本所攻的专科与他有益，何况你们现在还不能决定将来是否也还过庸人的生活呢？

你们是青年，你们有沸腾的血、赤灼的心，我望你们能继续着沸腾、炙热，但同时也望你们将平日对于教育的幻梦打破一点，而切切实实认定现在的教育只是广泛的职业之一种，教师只是庸人的佣工之一种，无所谓清高与神圣，更不能独立改造社会国家。你们自审是庸人，愿过虚伪的平常生活，从事教育也无妨；若自问是天才，想建立不世之勋，我劝你们努力从应走的路上走去！不要再在这中庸之道的十字街上徘徊踟蹰！

1929年

导读 "为文凭而求学，固然只能学些皮毛，有了文凭而自满，更是自阻进步"，文凭之弊舒新城一语道破，舒新城希望学生能够求学为生活，就职靠能力。

致中学生的一封公开信

中学生诸君：

我现在要和诸君讨论的是一个现成的题目。这题目见于《生活周报》第五卷第三十二期及四十七期到五十一期。诸君之中想有许多已经是看见过的。可是今日我还要再提出与诸君讨论：第一是因为我的见解和他们有些不同；第二是这问题与诸君的关系特别重要。

《生活周报》讨论这问题的原因，是教育部在去年有一个命令，不许在未立案私立高中及无高中毕业文凭的人投考大学，遂致发生许多假文凭。持有这些假文凭或未立案私立中学文凭的人，虽经考取入学多时，但是查出之后，也得取消学籍。社会人士很有抱不平的，乃不约而同有许多人在《生活周报》发表意见。当这问题最初提出来的时候，我便注意到，且有一些意见，但因为职务的繁忙，始终未曾用文字发表。可是去年在南京中央大学教育学院讲演时，曾略为提及，并以此为原因之一而专力于写成《我和教育》的一本书。最近夏丏尊先生向我索文债，且指定这个题目要我说话。我只得从忙碌之中抽点时间来写这篇。

未入正文以前，还得向诸君申明两事：第一，我素来不重视学校文凭，我的学校文凭也从来未有人重视过。这就是说，我从前办学校和现在主持中华书局编辑所，在引用同事方面，从来不曾以文凭有无、高低为去留的标准，而我自己服务社会十四年，也从来不曾以文凭为进身之阶，所以我对于现在的学校文凭，常看作可有可无的东西。今日与诸君所谈的当然不会出乎我平常的见解之外的。第二，我对于现在的教育制度，尤其是中国的现行学校制度，非常怀疑；我从前以至现在都主张厉行考试制去改革中国的教育、普及中国教育，现在和诸君所讨论的不过是我对于教育的根本见解之一部分，并非专对此问题的偶然感想，更非专对某项意见的一种辩难。

以下言归正传。

《生活周报》上所说的只是诸君升学时与文凭有关系的一部分，这是由于他们立言的动机，是为着教育部的一个命令。我则以为文凭问题与诸君之关系很大：除了升学而外，还有求学与就业的两问题。而且这两问题，在我看来，比第一问题还重要许多。

照现在教育部的规定，没有高中毕业文凭的人不能投考大学，就是假造一张文凭考取了，查出之后，也得将已得的学籍取消。这里显示一个最大的矛盾，就是考试与文凭不能两立。这就是说，文凭若果可以代表学行，则大学入学便只要验文凭就够了；若嫌投考的人过多，尽可立定标准，专收高中毕业前几名的学生，然而现在一定要举行考试，则明明对于文凭所代表的东西——不论是知识、是品性、是德行——发生疑问，而要藉考试以甄别之。这样，对于考试似认为可靠了，可是事实上经过考试而且已经入学若干时日，只因为无文凭之故，又得把由考试所得的结果取消。这种论理学的新奇，当然不是我们局外人所能懂；而事实上真正受其赐的，就是你们中学生。

仅就大学入学讲，文凭对于你们并没有什么大不了的问题，因为你们之中的最大部分有钱能毕业中学，当然可以得到文凭。所不能得到文凭的，大概可分为两类：第一类是现在在初中毕业，或在高中读过一二年，而无力继续读毕高中三年的；第二类是从前在旧制四年中学毕业，而无力继续入大学的。你们这两类人所处的境地自然不同，但是大概都可列入贫苦青年的总类里面。你们过细想想，现在的大学是不是需要比中学更多的费用，第一类的人在中学尚不能继续读毕，第二类的在从前尚不能继续进大学，难道你们的家庭或自己的经济会忽然充裕起来，能供给你们进大学的费用吗？你们经济的命运，终于不能让你们在大学毕业，也许没有高中毕业文凭不能考进大学反是幸事，因为现在的大学除了所谓养成士大夫的风度，教给半生不熟的若干名词，和提高生活程度而外，所能给予你们实用方面的知识与技能，实在有限得很。与其在大学读书几学期之后，失业而为高等游民，多累社会，不如作中等游民，少累社会之为愈。所以我以为在升学方面，文凭之对于你们，并不是一个顶重大的问题。

诸君要知道，无论有无高中毕业文凭，在现在经济制度之下，能升大学的总是少数之少数，但职业则为人人生存上所不可少，职业预备更是在有机会求学的时代所不可不注意。现在教育部规定大学非有高中毕业文凭者不能应考，政治化的某种职业，也非持有高中毕业文凭者不准就——现在有些职业机关的薪金及职务之支配，就有这样规定的。如此，则诸君力能在中学毕业的，对于求学的方针，当然以得文凭为目的，为文凭而读书的动机好不好且不管，只怕一心专注于文凭之取得，对于文凭上所不要的真实技能、社会知识，都将弃而不顾。毕业之后跑到社会上会如无柁的船，不知要飘泊到什么地方。同时如果你无力在中学毕业，则这张文凭便会先天地将你一生的发展斫丧。世界上不合理的事情，固无甚于此者，而社会上所受的损失，也无所底止。所以大家很起劲讨论这问题，绝不是一个偶谈，实是有关国计民生的一个大问题；而最有关系的你们更当注意。

我是非常怀疑现教育制度的——对于中国的现行学校制度，尤其怀疑。别人以为文凭不能代表真实的学行，我则以为就使它真能代表，它所代表的东西是否合于社会，合于人生的需要还是一大问题。而在事实上，则同等的学校，甲校的程度和乙校相差很远，而同校的甲班与乙班也是如此；就是同年级同科目的程度也因教师能力与学生天禀之不同而有很大的差异。由于个性差异所生之差别，我们还可以归得起类来，而在中国漫无标准的教育行政之下，对于学校教师及学生各方面无详密考察所生的差异实无法比量。这不是一个理论或一种偏见，凡属从事社会事业而有相当"用人之权"的，都能举出实例来作证明。所以我对于现在学校的文凭绝不把它当作一种量度人之学行的标尺，总是以实际的工作为试验的资料。同时我还觉得现在中国的学校制度，是间接直接从西洋工业革命而后的教育制度中模仿来的，于中国的农村社会经济不相应。所以照着西洋整批生产（Mass production）的方法，办了三十多年的新教育，结果还只能替都市制造多数游民，于中国的社会经济之改进，并无何种益处。你们在中学校所习的种种科目，在工业社会中也可以说是一些人生的、国民的基本知识，但在中国则未见得如斯。譬如中国以农立国是人人所常说的，可是中学校除了农业分科而外，有什么关于农业改进的科目！就是商科，中国内地完全是硬币时代，而学校所教的东西都是汇兑、银行、票券资料，无怪乎商店不要商科学生，而情愿用学徒。讲到这里，我们更可提出重视文凭者的理由来加以分析了！

重视文凭的人大概就是现在学校制度的讴歌者，也大概可以说是经济的优势者，因为他们感不着经济的压迫，看不见"学校重地穷人免入"的事实，便以为入校读书是青年应尽的义务，文凭就是他们尽了义务后所得的权利，其当重视自然是没有疑问的。可是事实上，现在的学校绝不是无恒产的人所能进的，然而绝不能说无恒产的人不该有知识；国家纵不能广备大厦千万，尽收天下寒士，给以学校教育，他们在社会上家庭中自己从辛苦中所求得的知识，也不承认，不使他们与学校毕业生受同等待遇，未免太无道理！

此外还有重视学校文凭的学者，以为现在的社会复杂，文化更复杂，种种学业不能如闭关时代之可以寒窗自修——尤其是自然科学与合群习惯——非以学校为教授之地不可。这对于文凭的重视自然是一个理由，然而不是唯一的理由。这就是说，学校有许多人，人与人之间的接触，自然较寒窗苦学者之机会为多；然而从实际社会服务所得的人间经验和人事关系是否也可以算作团体生活的训练！又如从实际生活与自然接触之各种关于自然界的种种知识，是否也放在"全无是处"或"全无用处"之列！我也知科学系统的研究要学者指导，然而科学知识之获得，却以环境的刺激为主，而不尽在纸上的空论。姑不论现在都市化的中学校，其设备不是以供科学常识的试验之用，就从标本上知道几个如"十字花科""单子叶植物"的名词，或从实验室中知道几种如"绝缘体"或"光波"的现象，可是在农村中看见云薹不知它的籽可以榨油，看见棕榈不知道它的叶可以做绳；或遇着家庭的电灯有毛病，非请电灯工人来无法医治，看见肥皂泡散在水面而呈异彩的油而视为神奇；诸如此类的事实，可以说是现在中学毕业生中最普遍的现象。这样地在学校中学习自然科学，除了为装饰门面而外，于个人、于社会、于国家、于世界又有什么用处。至于说学校中人数多，可得较好的团体训练，这话也还得重行检查，因为团体的训练重在生活的有规律，若无规律，便不能名为团体，更无所谓训练。在现在商业化的学校制度之下，与阶级化的学风之下，集合若干青年于一堂，不相关乃至于互相敌视地过生活，果真也能算作团体，叫作团体的训练吗？若果学校的团体训练而有效，改行新学校制度三十余年的中国社会，其无秩序无规律的现象当不至于如斯之甚罢！大家都知道游泳要到水里去学，我不知大家何以对于从实际生活得来的真实学问如此轻视，而反重视那与中国现社会需要不相应的学校教育，以及学校文凭！

以上是说现在的学校与现在的社会需要不相应，学校的文凭不足以代表真实的学问。我们再退一步承认学校的标准一样，学生的程度也相同，可是职业的要求，绝不只是某种学校中的一点教科知识，必得于学校教科之外，更有人生的、国民的以及职业的知识。这些知识最正确的来源是建筑在随处留意、随时留意的习惯上的。俗话所谓"做到老、学到老"就是此意。所以为文凭而求学，固然只能学些皮毛，有了文凭而自满，更是自阻进步。诸君能进中学，在现在的中国，可称幸运；社会上一般人都把你们看作中坚分子，你们的责任，也就匪轻。倘若你们求学是为文凭，升学及就业靠着文凭，那真是危险万状。所以我以为文凭问题关系于你们中学生者为至要。

　　文凭之不能重视与不足重视既如此，所以我劝诸君不要为文凭而求学，靠文凭去就职。讲到这里，诸君一定要问：求学为什么，就职靠什么？我的很简单的答复是求学为生活，就职靠能力。

　　诸君也许听过、见过"为学问而学问"的话。这话自然可以存在，但绝不是我们忙于生活的人所能办。与其为说冠冕堂皇的门面话而贻误自己，不如老老实实地说是为生活。不过我所谓生活是真正的人的生活，不是非人的生活。这句话恐怕又得略加解释了。

　　我以为人是介于神与物之间的一种机体，他有物质上的需要，同时也有精神上的要求。一般极端的唯心论者把人当作神，以为只要精神生活能满足，物质上需要可以不问；而极端的唯物论者则以为人间的一切都是物质的关系，根本上无所谓精神。我则以为人是物体而具神性的个体，其生活的高下，视他对于物质欲望与精神要求的比例以为断。若他专重物欲，他的生活等级自然很低，可是绝不能过全无精神的生活，而跻于物的地位；反之，若他纯是精神的发展，他的生活等级当然较高，然而他也不能全无物质的需要，而完全过神的生活。同时我更以为人之所以异于禽兽与神者在于有无限的自觉创造性，就是时时不满足于现实，时时在理想的追逐中过生活。——禽兽只知现实生活，没有理想的追逐，神则已达完满境地，无须理想的追逐。

　　人的生活的特质明白了，诸君求学的方针便可由此而定。因为人有物质的需要，所以对于现实生活的各种知识、各种技能，都应当留意。假如你的志愿在习商，而所进的分科又是商科，在不明白生活意义的人看来，以为学校教科中有许多关于商业的科目，如商业概论、商业道德、商业地理等等，只要把课本读熟就够了。可是你得知道这些课本，其取材大部分来自外国，未见得真能与中国的社会——尤其是内地商业社会——需要相合。譬如说，中国商业对于文书与珠算最为重视，而银行汇兑的种种学问在内地商店竟完全用不着。所以你对于学校中所有的科目固然当学习以扩充你的职业常识或等社会经济制度改变的时候应用；而目前敲门砖的文书与珠算应特别注意。其他为学校课程中所无的商业习惯、商人生活等等更不可不留心去调查研究。所以为谋满足物质的需要计，不可不注意于学校科目以外的社会现象与社会需要。但是人的生活绝不只是物质需要的满足，同时更有精神的要求——也可以说剩余势力的引申。这精神要求的出路大体可以分为两条：第一条是事业的改进与创造；第二条是学术的研究与发明。若果你知道人的特质是在于有无限的自觉创造性，则你于维持物质生活外，一面努力于创造你的职业的改进理想，一面本你个性之所近，于业余研究一种科学或艺术，以利用你的剩余时间。这种研究是超物欲超利害的：当进行的时候，固不曾预存何种实用的目的，可是到了相当的时候，它在你的事业或学问上常常有意想不到的效用。爱迪生之成为发明家，就是一例。所以在求学的时候，于物质生活的知识与技能获得而外，同时要注意你的个性的要求与发展，以寄托你的精神生活。简单说，在实际生活中继续不断所获得的学问才是真学问，把所得的学问应用到生活上而能使生活日新月异地改进，才算学问的真价值。也可以说，从生活中得来且能应用到生活上去的才是真学问。这是求学为生活的简要说明。

我说就业靠能力，诸君或者要问：中学生到底有多少能力？倘若仅仅就现在学校所给予你们的教育讲，你们的能力比大学生和留学生的自然要单薄一点；但实也不尽然：第一，社会的事业很复杂，需要处理它们的能力的方面很多。从表面上看来，贩夫走卒所作的事情似乎远不如文人学士的高，但是贩夫能尽其贸迁有无的责任，走卒能无亏于洒扫清洁的职守，其对于社会上的贡献，比之吟风弄月的文人学士们还要大。所以能力不怕小，只要善用它，使它对于社会有益。第二，能力之大小并不以学校教育的等级而有限制。孙中山先生讲考试制度引用美国博士不如车夫的例，是一般人所熟知的，就是本志第十一号《出了中学校以后》，几位先生所自述的能力与所作的事业，又岂是一般大学毕业生和留学生所能尽有，所能尽作！我以为现在的学校教育，姑不论其是否合于现在社会需要的根本问题，就是假定它的一切都是与现在社会情形相应，也只能使诸君在学问研究上略识蹊径，在治事方法上薄有基础。走什么路，造什么房子，还得靠出了学校以后永久不断的继续努力。中国读书人最大的毛病，就是把学校当作学问的源泉，同时也把它当作止境：以为求学问非在学校不可，出学校便无学可求，因而演成一种学校即学问的谬误观念，遂致社会上轻视学校以外的真知识、真学问；同时更使有机会进学校的人，将在学校中所得的门径与基础于出校门时一律斫丧。这阻碍个人及社会进步的恶习，诸君应当于自己不濡染而外，同时要负改造之责，努力于实际生活中求真实的学问，以为那些抱残守阙的大学生和留学生倡。

讲到这里，诸君或者又要说：就业靠能力，求学为生活，话是不错，但是事实上有能力的人，在社会上未见得能生活，而无能力有资格的人，倒可以居高位，操大权，则这两句话不要成为不兑现的支票吗？这问题自然是现社会中的一部分事实。但是我以为这事实是暂时的，诸君万不可以此而自馁。我可以分两层来说明：

有能力的人不能生活，没能力的人反可舒服，可以归纳为两种原因：第一是知识界的失业问题。这问题从去年来已成为世界上不能解决的大事情，不是一国所能解决，更不是我们所能解决，我们姑且略而不谈。第二是国内的政治紊乱。中国二十年来，因为社会经济制度发生剧烈的变化，所有社会思想、社会伦理、社会习惯均因之发生动摇，新的标准在短时间不能建立，而旧的又已崩坏，于是政治上的用人行政一切失所依据，遂以执政者之个人势力与其好恶为准则，而演成"论事惟好恶，用人论情面"的恶现象。然而这是暂时的，中国而欲立国于世界，此种现象决不会长此下去。所以我以为求学为生活，就职靠能力的两句话，实在是一张可以兑现的支票，其所以暂时不能兑现者，并不是它本身的价值有问题，乃是社会的偶然现象妨害它的价值的实现。

我们再考察现在的时代，是否可以容许这张支票能充分表现其价值，我的答案是肯定的。因为这支票兑现的机关，只有一个，就是考试。考试的含义有广狭两种：广义的考试是由实际事业上所给予各种事业者的甄别；社会上无论什么事业，只要它不是干薪机关而真正可以算作职业的，都得有一种能力去应付。也许在某种时期你的职务和你的能力不相称，若果这职业机关的目的是在发展它的事业，主持的人员便不能不有"为事择人"的决心，只要你的能力能在事业上表现，终会有职务和能力平衡的时期。倘若你自己独立去创办一种事业，事业的本身就是一种最好的试验资料。你的成功与失败绝不是偶然的，一定是和你的能力有最密切的关系。你不必因偶然的不幸而灰心，狭义的考试是由政府举行的各种试验，这是能力兑现的普通机关，由此可以使无钱守购文凭——我以为现在学校的办法于纳费之外，且须一定的年限毕业，实在是有钱守购文凭——的人能自己表现，同时也把所谓学问的范围扩大，实在是很好而很重要的办法。这办法之能通行与否，在从前虽不敢说，现在则可以加以肯定。因为在民国二十年的年头，四分五裂的国家总算统一了，政治也渐入轨道了；同时国民政府是由三民主义五权宪法所产生的，在民生方面要人尽其才非以考试为工具不可，而五权中之考试权，尤为近代政治学说之特创而为中国历史及国民党所最重视者，在事实上且设考试院专理其事。各种考试之实施，当然是可以"拭目以待"的。所以我以为只要你持有能力的支票，不怕不能兑现的。则现在那不能兑现的所谓学校文凭，除了在现在教育部的某种命令之下，于经济占优势的青年入大学时稍有效用而外，在求学与就职的两方面都是废纸。

至于考试要怎样才无流弊，这自然是值得讨论的问题。但是这些事情在国家方面其权操之政府，在社会方面其权操之职业机关，我们当然不能为之代谋。不过我相信若用新的方式，根据职务上需要，将试验的时间加长，从各方面分别予以文字及实际的考试；在必要时，更可采实际试办的方法，其结果比之验看一张无标准的文凭要可靠得许多。此外，现在的学校制度完全资本主义化，遂致演成"学校重地穷人免入"的现象，而使学校教育权为有产者所独占，更使"才"与"财"成正比例的进展，实是最不公平的事情，也得根本改造。这改造的方法，我主张各地设科学、图书、体育三馆，各请导师指导，听人民自由学习研究，而以考试方法验其成绩。其详细办法我在十七年的全国教育会议提有一个《学校制度改革案》曾经说及——现在收入我的《中国教育建设方针》单行本中——而且不在本题范围之内，所以略而不谈。好在这些事你们还可以暂时不问，不详说也没有什么要紧。

初意本只想和诸君略略谈点我对于"考试与文凭"现成题目的意见，不料一动笔又写得这么多，而且牵涉到求学与就业两方面去了，致有费诸君宝贵的光阴，抱歉之至。敬祝

诸君学业猛进，身体康健。

1931 年

导读 在舒新城看来,三十年来的新教育虽有进步,但之于家庭、社会、国家并无多大益处,这是应该引起中国教育反思的。教育终究要使受教育者于家庭、社会、国家有益,明确了这一问题,才能使教育真正找到出路。

中国教育之出路

多少年来我便大唱"学校关门论",近来我说得更多,不独私人的谈话中讲及,而且曾拿它当作公开讲演的题目。

我也曾分析过我所以有此怪论(教育家听得尤以为怪)的原因,当然是由于我个性的怪僻。然而所谓个性也者,除去先天的禀赋,还有后天的习惯,而习惯又是由社会环境与自然环境所构成的。则我这怪论之所以为怪,除了我应该负应负的责任而外,我以外的种种似也不能不负一番责任。

我是自耕农的儿子。因为父母仅仅只生我和我的妹妹(现在已死)两人,而女子在乡村是不需要教育的,所以父母还有力量送我这个独生子进学校。可是因为我家只是一个仅能自给的自耕农,所谓力量,也只能送我进小学而止。我虽然曾借得一张中学毕业文凭考进高等师范,受了所谓高等教育,但那时的师范学校(民国二年至六年)是公费的,是不必学生自己花钱的。倘若在现在,我固然无法受高等教育,也无法受中等教育。

我更曾想到:我受了多少年的教育,其结果到底如何?对于家庭的益处在哪里?对于社会的益处在哪里?对于国家的益处又在哪里?

就某种人看来,我应该放在成功之列!我固然不曾作过煊赫一世的达官贵人，然而自离开学校而后，不曾失过业；除去高师毕业生应做的中等学校教师、校长不算外，还曾做过大学教授，做有名书店的编辑所所长。生下一群孩子，不独无冻馁之虞，且能勉强在上海进每人年缴学费六七十元的小学，这岂不是"比上不足，比下有余"的成功者吗？

可是我再细想：姑假定上面的种种算是我的成功，然而我于家庭、于社会、于国家的真正利益又在哪里？

先就家庭讲。我家世世业农，若果我的教育真于家庭有益，我应当有能力把我家每年每亩收稻五石的农田增为年收稻六石以至十石，把每年每株收橘一箩的橘子树增为年收箩半以至三箩，才是真正的效果。然而我种稻植橘的常识不独远不如我的父亲，倘使他真把农田果园交我管，恐怕不到三年便会颗粒不收，而至于流为饿殍。

也许有人说："你虽然不能把你家中固有的农产改良，但你从事教育与文化事业，一方面能维持家庭生活，一方面还是有益于国家社会。"这自然是现在社会上送子弟进学校的普遍希望，也可以说是现在学校还不曾关门的一个原因。可是就要拿这种结果来断定教育有效，也只能算作"理由化"的理由，不是真正的理由。因为教育是延续民族生命、发展民族文化的工具，它的效果，绝不能专从个人立场上去估计，应当从全民族的前途上去测验。姑算我从事所谓教育与文化事业能以劳力所得供仰事俯畜之用（这只是一句成语的利用，实际上我始终不曾仰事过）；然而这种劳力是于社会、国家有益的吗？是可靠的吗？是能永久的吗？

我也知道像我这样的人，与我曾经从事和正在从事的职业，在既富且强的国家里，也是需要的。可是在现在这样饔飧不继的中国是否需要，却待仔细估量；倘再过三五十年而国计民生依然如现在的江河日下，则社会国家不需以至不容我这样的人倒是毫无疑义的。

这话似未免太杞人忧天罢！然而我有我的理由。

中国到近代为什么要改行新教育制度？谁也知道是为了外患逼迫。外患何以在十九世纪末会来逼迫中国？是由于工业革命成功而后欧洲大陆各国生产过剩，不能不向国外觅市场。中国地大物博，消费力大，于是不能不首当其冲；它们为谋自己的生存计，不能不竭全力以谋夺取市场；中国无论哪方面的力量都不能抵抗，于是当时的执政者，于无可如何之中，想把教育万能的迷梦，当作一剂起死回生的良药。满期改行新教育制度之后，国富会日增，国力会日雄，谁料三十年的时间过去了，所得的结果竟致适得其反呢！

三十年来的新教育在量上不能不说是有进步，在质上也不能说一定是退步。但是无论其为进步为退步，总是于家庭、社会、国家并无多大益处却可断定——因为现在中国国家、社会以及家庭所急需的是生产能率的增加，是利用此生产能率去抵抗国际资本主义的侵略，是利用此生产能率去改良家庭生产、发展社会产业、增加国家富力以谋自存；然而现在教育所产生的结果是减少生产力、增加消费力，替国际资本帝国主义作开路的先锋，替家庭社会国家作破产的前驱。

就以我个人来作例罢！

倘若我不曾受过所谓新教育，在现在我当然是一个农夫。一个农夫的生产力量虽然小，但至少是生产的一员，同时对于资本帝国主义者所恃以为生的洋货，也可不负一点推销的义务。现在呢？农村的生产事业，固然说不上"备员"，所谓从事间接生产的教育或文化事业，果真能有益于直接生产吗？照现在的情形，所谓教育家，他们所能传给学生的，不过是饥不能用之以谋食，寒不能用之以得衣，而与中国国情民生不相切的书本上的洋知识，学生的出路也不过是如十三年南开大学某生所说的轮回地当教员（题为《轮回教育》，十三年以前之教育现象，此文可以尽之，现在则求为轮回而不得），或者做官做文化事业。这些事业，在现在也许可以解决个人以至小家庭的生活，然而社会的生产力、生产员反日减少，消费力则日增加，国家富力也自然日趋日绌了。

倘若我们中国是一个神话上的黄金国，有取之不尽、用之不竭的财产，尽我们一般消费者去消费，那么，我们从事所谓教育和文化事业者以至于官僚们再自己多消费或教育他人再多消费一点，也可万古永垂地不成问题。可是中国终是一个地球上的国家，财富虽有，但数量有限，而且非自身努力去开发不可。我们无能力去创造开发，终会有用尽的一日，也就是所谓从事教育或文化事业末日来临的一日。这不必远溯往史，近稽旁证，只要略略将近十余年来大学毕业生、中等学校毕业生就业的情形看看就可知道。

民国八九年间，现在中央大学前身南京高师的毕业生常常供不应求，现在则大半无事可做；十年前的留学生回国几如前清的翰林，不患无人请，现在则留学生闲居上海一隅者已达二千余。中等学校毕业生无业可就者，从中华职业教育社的调查看来，更是有增无减。这并不是近来的新教育比从前更不适应社会需要，而是分利的人日渐加多，社会的生产日渐减少，不能供应这许多不农不工的消费专家。倘若所谓教育家、所谓学校在未来的若干年中还是这样地加工制造些不能生产、专会消费的学生；倘使教育真能普及，所有穷乡僻壤的男青年都要穿西装，女青年都要高跟鞋才能过日子，恐怕大家连现在这一点买饭的资本都没有，更有谁来受这无益有害的学校教育，更有谁来买这不可衣不可食的书籍；我们这些所谓从事教育或文化事业的人，又岂能自存，更岂能像现在过安适的生活！

也许有人以为这些话未免太过罢！然而，读者以及教育家，试将摆在眼前的事实作瞻前顾后的推证，数十年后的教育还是这样地增进消费能力，减退生产能力，其结果恐怕不仅是这样的日子来临而已！

我们不能坐以待毙地等候着这样的日子来临，我们应当求出路。

现在中国教育的出路应该怎样？这是值得我们研究的问题。

我不是教育万能论者，也不相信教育能离社会经济或政治而独立。要教育有出路，自然要经济、政治各方面都有出路。也可以说，中国教育的出路同时也是中国民族的出路。不过教育也有她应负的使命；她自然要受政治、经济的影响，但绝不能说，要等着政治和经济都上了轨道，都有了出路然后再谋教育上的出路！她必得在这风雨飘摇的国难中与政治、经济通力合作，共谋民族的出路。

中国民族重大的缺憾有人以为是贫、弱、愚、私，所以有人倡生计、卫生、文艺、公民四种教育以补救之。这四种缺憾自然是不错的，然而根本的大病，更是在于贫。因为无知识而愚，不健康而弱，缺公德而私，都是由于无力受教育、无力讲卫生、无法顾公德而然，都是由于贫困所致。

要医贫的毛病自然只有增加生产之一法。不过在增加生产的大前提之前有几个问题应当注意的：

一、所谓增加生产是增加哪一种生产——工业的还是农业的？

二、增加生产之步骤如何——部分动员的还是全体动员的？

三、生产增加了之后，应本什么方针去分配？

我个人对于此三问题的答案：第一，生产的增加应以农业为主，工业为辅；第二，增加生产的步骤应先从训练师范生及大学生入手；第三，是从合作走上社会主义的道路。

在现在的世界，要独立成为一个国家，自然是离不了工业。可是中国要以工业为立国之本，在事实上固然是不能，而且也不必因为工业国家有一个基本需要，就是她的地狭人稠，难于自给，不得不以机械的产物向外面去谋市场以吸收资本，谋殖民地以夺取原料。中国的人固然很多，然而地大而物复博，原料固然可以自给，市场也无须向外夺取。只要在政治上把国际不平等条约的束缚解放了，粗细工业有相当的成绩，煤铁能自己开发，棉毛能自己制用，交通能流通国货，发展足以抵抗国际帝国资本主义的侵略，便可尽量发展固有的农业，在世界做一个家给人足的国家，虽然不能说如从前一般地闭关自守，不和列强交通，但交通起来可以独往独来，不必事事仰给于人。这是不必以工业为立国之本的第一种理由。其次，工业固然是生产的，然而生产过剩，便要酿成资本帝国主义。资本帝国主义向外因谋夺取市场之故，固然要引起国际战争，对内要谋产业合理化，失业的恐慌更无法避免。这种现象，欧美、日本等等所谓列强，已经以很显明的事实昭示我们，我们为什么还要蹈其覆辙、自寻苦恼呢！这是"不必"的理由之二。至于农业，中国在历史上是以农立国，人民的百分之八十以上是农民，要把这许多农地弃而不用，把这许多农民尽驱入工场，不独在生产理论上显示不经济而已，事实上亦无办法。而且以农为本的国家老有一种好处，为工业国家所不及的，就是她的经济基础建设在国内的天产之上，平时固可以少与人争，战时更可独立自存。这是中国不能以工业为立国之基本的理由，同时也是不能不发展农业以谋自存的原因。换句话说，中国处在现在这种次殖民地的地位，我们做国民的并无什么特别的野心，并不要拿经济的力量去征服世界，也不要自做资本帝国主义者；我们只要努力发展固有的农业，辅以近世应用的工业，以求能抵抗国际资本主义的侵略，而可以自足自给就行了。

增加生产的教育目的决定了，现在且问进行的方法如何？

我自然是主张学校关门，然而我并不主张教育灭弃。现在学校之应当关门，是现在的学校不能适应社会的需要，它不独于人无益，而又害之，所以非把它的门关起来不可。但并不是把现在学校的门关起来就是不要教育，教育是与人类共始终的社会活动，只看它的内容是否能适应此时此地的需要！

现在的学校为什么要关门，上面曾举了许多实证。简单的说就是现在的学校只能勉强传授知识，而所传授的知识，又是些封建社会传衍下来的统治知识和小资产分子的消费知识，它是独立于社会之外的，它的一切都是与现社会背道而驰的！既不能增进生产，也不能传授生产技术的知识。所以这样的学校越多，无业的人民越增加，这样的教育越普及，中国危亡的日子越迫切！

我们现在教育上最当注意的问题，是把旧日统治知识、消费知识的传授代以生产技术与知识的灌输。

生产的增加既然是要以农业为主，工业为辅，则生产技术知识的灌输也当然要以此为本！

在现在的中国，全国动员去增加生产自然是一个很急切的需要；然而，现在中国的人民，处在这过渡的时代，新的生产技术知识固然没有学得，旧的生产技术知识也日渐减退，要全体动员是无异驱盲于阱，徒招败亡而已，事实上又有什么用处！

要动员得先有预备。教育上最当训练的先锋是师范生和大学生。予师范生以生产的技术和知识，使他们向下发展；予大学生以生产的技术和知识，使他们向外发展。

现在的师范学校也未尝不注意于养成乡村师范的教师，北方的某省，并有最短期内添设十四所乡村师范学校的计划。可是在事实上，若果照现在教育部的规程去办，就是把全国所有的中等学校都改为乡村师范也是无济于事的，因为学生们所受的训练、所得的知识都是统治的、消费的，与一般人的生活无关，于生产的技术尤无关。所以师范毕业生都希望在都市就职，万不得已而去乡村，也不过引导一群孩子们多认识一些文字而已，对于社会的一切还是格格不入。这种师范生，受了知识与技术的限制，绝不能深入民众，把民众的生活技能提高，把地方固有的生产改良。然而他们却负了教育民众的责任，也负了深入民众的责任。所以全国生产的动员，首先要从他们训练起。

至于现在的大学生，他们所得的知识更为统治的、消费的，更与民众生活无关，更与生产技术无关。所以他们毕业之后，除了挤到都市里过游手好闲的日子，在生活习惯上，他们固然不愿到民间去，在生活技能上，他们也不能到民间去。然而都市的出路有限，所谓人满之患，从前不过是一句形容语，现在则成为事实。而现在的所谓大学，还正在那里努力地大批生产。照这样后浪推前浪地拥挤下去，都市固然容不了许多，乡村更无法容他们（因为他们的欲望，比中等学生高，而到乡村去的生产技能，还不如中等学生）。若要找一条可以走得通的路，只有向外发展之一途。这里所谓向外发展，并不是效帝国主义的方法向外侵略，只是给大学生的以实际殖边垦荒的知识与技能，使他们于毕业后无法在都市与乡村生活之后而能效日本人之到我们自己领土内的蒙、藏、东三省等边境去做垦殖的事业，同时也就是作增加农产的分子。

倘若抱定这两个方针从教育上去增加生产，则现在首先当改弦更张的是师范学校和大学校。我以为现在的所谓普通文理、教育等学院的大学实在太多，除了国立、设备较好的最少数大学，让它们负研究学术的责任，可以按照旧章改良办理而外，其余的都当改为殖边专科学校，仿照日本在满洲的满洲教育专门学校和东京的拓殖大学的办法，握着一定的目的去养成殖边的人才。对于师范学校，则缩短其在校读书的时间，使他们在乡村中从老农、老圃学习种植园艺的基本技能，再辅以近世农业上健康上应用的知识与技术，以期于深入民间之中，引导民众从事改良生产的活动。倘使这两个目的能实现，生产的增加固然不是画饼，而现在内地人口过剩的问题，也不必假手于兵祸匪乱以及旱灾水灾，而可以得相当的解决。

所谓首先训练大学生、师范生的生产技术，灌输他们的生产技术的知识，看来似不复杂，做起来却不简单。训练的目标固然一言可定，实施训练的人才则非一日可就。我以为在此二者之前，应得把现在的农学院切实整理，要设法使他们学术的果子遍撒到一般人间（定县的农场很有成绩，然而它的一切都是农学院应该作的）。师范大学应该以农学院为基础，师范大学生对于教育科目尽可少习，毕业时的农林知识与技能，至少都要有新农业专科毕业生的程度（现在的农业学生，一样是学洋八股，于实际上不能应用）。他们毕业出来教师范生，庶几可以给他们一些实际从事生产的能力，师范生本其师承，也可以实际做点增加生产的工作。至于殖边专科学校的办法更不是现在教育部章所能范围，也不是现在的大学教师所能济事，更有待于特殊的培养。最基本而重要的方法，是集国内此项专门人才先行设立此项学校一所，从实际上训练一批领袖人员，然后再行逐渐扩充。

生产果真增加了，分配问题便随之而起。现在自然是"见卵而求时夜"，未免过早。然而方针却不可不有。在现在，固然不当走资本主义的现路，同时也不能效苏联的办法，较便利而较易实行的步骤，是从合作走上社会主义的道路。这问题说来太长，而且"为时尚早"，暂且不论罢！

以上的种种，只是一些最简单的理由和最简单的方针。因为职务上的限制，这篇文章时作时辍地前后写了一个多月，要说的还多得很，编者等待不及，只得将这些简略的见解先交发表，其详只有俟诸异日了！

然而，我最后还得申明，我不是教育万能论者，我只信教育是许多建设工具中之一种，教育诚然有它的本身的职务，然而，从事教育的人们，切不要忘政治、经济等等对于它的关系，以及对于它的影响！

1931 年

|导读| 教育是社会发展的产物，社会思想的变化影响教育思想的变化，反之教育也可使社会思想发生变化，也就是如舒新城所说的："中国教育思想的转变，必有其所以转变的环境。"

最近中国教育思想的转变

一

此篇继《近代中国教育思想史》而作，时间起于民国十七年，断至二十一年。

在《近代中国教育思想史》中说："思想的产生是由于应付环境，故其本质可视为一种工具，教育思想也就是应付教育环境的一种工具。"据此，则最近中国教育思想的转变，必有其所以转变的环境，兹简单述之。

我国改行新教育制度原是外患所逼成，三十年前，执政者因外交上屡受创痛，急思有以自强，乃以"德之势最强，而学校之制惟德最详；日本兴最骤，而学校之数在东方之国为最多"之理由而极力推行新教育；至于新教育之优点如何，功效如何，其所需要之社会环境、历史背景又如何，在当时既无暇过问，亦无能过问，于是这"不适土宜"的新教育制度，竟在囫囵吞枣的状态中施行了三十余年。

因为它太不适"土宜"了，所以在三十余年中所产生的结果，都与社会所期望的相去太远，教育制度因而常有变更，教育思想也如上书所述而有十数种的起伏。可是教育神圣的迷梦，仍然存留在一般人的心中，而治术教育、都市教育、人才教育仍然保持其传统上的优势屹立不动。

十七年以前，教育失效的种种事实，固然很显明地现于眼前，但因国人热烈期望着国民革命的成功，以为国家的一切都可因其成功而从容改善，教育也可随政治的改革而见其功效。不料客观的环境，竟不许主观的期望实现。五年以来，从整个的中国讲来，虽然未尝无进步，但教育的功效却仍与从前无异，乃至于反有不及从前之处——最显明的事实，是在社会效用上，生产日趋衰落，在学校结果上，毕业生更无出路——于是教育的功用成为一般人所怀疑、所讨究的问题，教育神圣的观念也逐渐随事实而减薄、而打破。其转变的方面则为教育工具观。

其次，中国在历史上只有治术教育。虽然"新教育"的娘家是注重生产的，但移植到中国来，所有理化工农等等也都变成所谓"洋八股"，而成为治术的新工具。但十七年而后，因为世界经济的恐慌，中国的市场固然为列强所必争，而国内的产业，则更因列强经济侵略的压迫而日趋衰弱，国际贸易上的借贷表更无法平衡；治术教育之无裨国是，差不多是人人所能感到，于是教育思想乃由治术方面转变到生产方面。

第三，戊戌变政以来，国人都努力于使中国成为"近代的"国家，可是她的经济组织终于不能使她"近代化"。十七年以后，农村的经费日趋衰落，而几于破产，都市的商业经济也受其影响而几于不能自存，国家的建设也几于无从谈起。于是乡村的重要逐渐为研究中国出路问题的人所认识。教育思想也由都市方面而转变到乡村方面。

第四，中国之改行新教育制度，原感于"近代的"人才之不敷，可是兴学三十余年，国内外大学毕业生以数万计，中等学校毕业生以十数万计，而对于国家之贡献，则远出兴学育才者以至一般社会的意料之外，十七年而后，政府亦曾注意及于国家建设上之种种问题，亦曾举行"抡材大典"以拔选人才。但事实上人才无所用之，而建设之成绩可数。从另一方面看，当国民革命尚未成功之时，因曾注意到民众问题，而在革命的过程上收了一些效果，中山先生逝世时，且以"唤起民众"为嘱，于是民众逐渐为人所重视，教育思想也由人才方面转变到民众方面。

此外十七年而后，外交上的力量已逐渐不如国民政府在广州及武汉的时期；"九一八""一·二八"事变发生而后，军事不能抵抗，经济上亦大受日本之威胁，而所谓国际正义、国际公约，更有成为不兑现的支票之势；国家与民族之存亡问题，时时逼进国人的心中。民族主义更为国人所认识，民族复兴更为谋国者研究之焦点；在教育上亦形成一种民族复兴的思想。

简言之，最近五年来之教育思想，在功能方面，由教育神圣观转变到教育工具观；在内容方面，由治术教育转变到生产教育；在形式方面，由都市教育、人才教育转变到乡村教育、民众教育；此外则更因民族主义之认识与外患之逼迫，而形成民族复兴的教育思想。以下分别证实之。

二

"教育神圣"，原是教育者自慰的幻梦，在"承平时代"，一般人都随和着他们做迷梦，他们乃本其神圣观而推演至于教育万能、教育独立、教育清高；于是教育便成为超越一切的东西。可是教育的本质，终是离不开现实社会的实际活动，它在实际上所表现的事实，终不能永不兑现。十七年而后，一般人对于教育的希望，都为现实所打破；蔡元培在民元时所倡导的超轶政治说，也由其自身的行动所否认，而教育不能独立、非清高、非神圣的事实，更是俯拾即得。十七年之末，舒新城于研究近代中国教育史之余，本其历来对于怀疑现行教育的态度，在《教育杂志》上发表致《青年教育家》，力辟教育神圣、教育清高说，很引起当时教育界之反对与批评，但十八年而后，此论已很平常，十八年十二月该志载有李谊《教育迷信论》，其结论有云：

"现在教育之为物，其'神圣'，我将换言以'凡俗'；其'清高'，我将换言以'平庸'；其'中正'，我将视之以'阶级的'，其'独立'，我将视之以

'隶属的'。"

教育神圣论之另一方面为教育工具说。舒氏在十七年三月即如此主张，谓"教育只是一种工具，可以用之建国，也可以用之亡国……讲教育的人只在教育本身上用工夫而不注意于教育材料的社会环境、历史背景，也不注意于实施教育的教育政策，结果就算不戕害生命，也是徒损材料而已。"二十一年九月他又说："我只信教育是许多建设工具中之一种。教育诚然有它的职务，然而，从事教育的人们，切不要忘去政治经济等对于它的关系以及及于它的影响。"《教育杂志》编辑周予同于《致青年教育家》的附言中亦说："我个人的意见，教育制度变迁，固自有其客观的必然性；换言之，教育不免是经济与政治的附属品；然而教育自有本身的价值。就是立场于革命而言，教育也有它应负的使命。简言之，我是主张教育工具说。在一个大革命的理想之下，教育与其他政治、经济、科学、文艺等等都负了一部分的责任。"此后主张工具说之文字常见于各种教育刊物。十九年李浩吾则从唯物史观的见地认定教育是一种宣传的工具，"只是一项副产物，只是一批卫士队……是阶级争斗中的武器"。而教育神圣的观念也逐渐不为教育家所拥护了！

<h2 style="text-align:center">三</h2>

治术教育原是中国历史上的产物，但自孙中山先生创三民主义而后，民生问题逐渐为国人所注意，《建国方略》中且以民生为首要。故十五年广东国民政府教育行政委员会许崇清所发表之《教育方针草案》就提及产业教育问题，而主张中学校的六年间，当依产业教育的见地逐渐分化其课程。十七年中华民国大学院所召集的第一次全国教育会议，其宣言及关于教育宗旨、职业教育的议案，均无不以生产教育为言。十八年三月，中国国民党第三次全国代表大会的《确定教育方针及实施原则案》，在消极方面既指明从前教育之与人民实际生活分离及未能以实用科学发展生产之弊，其实施原则八项，除六、七两项

外，均直接间接说到生产方面；第八项则专注意于农村生产。原文说："农业推广须由农业教育机关积极设施，凡农村生产方法之改进，农民技能之增高，农村组织与农民生活之改善，农业科学知识以及农民生产消费合作之促进，须以全力推行。"十九年第二次全国教育会议所通过之《改进全国教育方案》，亦谓："在各级各类的教育内，都应注重科学实验、培养生产能力、养成职业技能。"而二十年六月行政院公布国民会议议决的《教育设施趋向案》，亦以生产为言；且规定社会教育应以增加生产为主要目标。以上均系政府以民生主义为根据，而提倡的生产教育。以下再述教育界之生产教育思潮。

十七年六月，赵叔愚以乡村教育的研究者，发表《农民训练的理论和方法》，规定训练农民的第三项目标为生产训练。他以为："稍微对于中国实际经济状况有些常识的人，都可以看出在客观的事实方面，急待解决的，大半是生产问题，而不是分配问题。我们当然要发达大规模的生产事业，可是同时对于全体民众也要实施普遍的生产训练，以增进一般人的生产能力。"

舒新城当十七年三月发表《中国教育建设方针》之时，曾说："要求中国经济独立，无论何时都当以改进农业为主，改良工商业为辅，教育方针亦不能出此。"但尚未明白说及生产教育。二十年考察北方各省教育而后，看到学校毕业生无出路与社会经济衰弱的情形，乃深感生产教育之重要，而主张："在中等教育中，灌输改良农村的知识与技能，尤当注意于师范生生产技能与知识的培养，务使学校毕业生能混迹社会而不为社会所厌，能改造社会而不为社会所觉。"斯年九月，《中华教育界》发刊"中国教育出路问题"专号，生产教育乃不期然而然地成为教育者的共同思想。全期综计论文十三篇，都在有意无意之间说及旧教育之不合社会经济状况，而主张发展生产、改进生活。最显明地提倡生产教育者有陶知行（笔名何日平）、曹刍、舒新城三人。

陶氏本其"学由于做"及"科学万能"的观点，主张教育要教人创造富的社会，其任务如下：

"（一）教人创造富的社会，便是教人创造合理的工业文明，便是引导人民在合理的工业上出头。

"（二）教人创造合理的工业文明，便是教人创造合理的机器文明，合理的机器文明，便是要人做机器的主人，不做机器的奴隶。

"（三）科学是工业文明的母亲，我们要创造合理的工业文明，必须注重有驾御自然的力量的科学。……

"（四）农业对于富力之增加有两种方式：一是使全国无荒废之地；二是把科学应用到农业上来使地尽其利。最后等到工业吸收了一大部分之农人，即可使农业变成工业化的农业。

"（五）教后起青年运用双手与大脑去做新文明的创造者，不教他们袖起手来去做旧文明的安享者。

"（六）教人同时打破'贫而乐''不劳而获''劳而不获'的人生观。这三种人生观都是造富的心理上的最大障碍。

"（七）教人重订人生价值标准。农业社会与向工业文明前进之农业社会是不同的。纯粹的农业社会的一切是静止的，向工业文明前进的农业社会的一切是变动的。我们要有动的道德，动的思想，动的法律，动的教育，动的人生观。有人说知识要新，道德要旧，这简直是应该扫除的一种迷信。旧道德只能配合旧知识，新知识必得要求新道德。"

从上面所述七项看来，可知他对于生产是以工业为主，农业为辅，而改进生产之方法则为从行动中去发展科学。

曹氏和舒氏则主张增加农业生产力。曹氏说：

"任何事没有比足衣足食的需要更迫切了……适应这种需要，只有增加生产之一法。中国是小农的国家，还停滞在手工业时代。诚然，我们要抵抗资本主义国家的经济侵略。可是我们要学资本主义国家用大规模的机器生产，去抵抗工业品的侵入，在最近的将来，几乎是绝对办不到的。我们唯一的方法只有利用农产品，去换必要的工业品，渐求入超的减少，以至于出入相抵。这是农业国家必经的途程。所幸中国农业还是利用人力和畜力的农业，还未用着机器力量，同时荒地尚多，地力未尽，生产增加不是不可能的。教育和政治的力量，如集中于此点，速效可期，危亡可免，而中华民族的再兴，未尝不可于短少时日中实现。"

舒氏说：

"中国民族重大的缺憾，有人以为是贫、弱、愚、私……然而根本大病更是在于贫……要医贫的毛病自然只有增加生产之一法……生产的增加应以农业为主、工业为辅。"他的理由是：

"工业国家有一个基本需要，就是她的地狭人稠，难于自给，不得不以机械的产物向外而去谋市场以吸收资本，谋殖民地以夺取原料。中国的人固然很多，然而地大而物复博，原料固然可以自给，市场也无须向外夺取。只要在政治上把国际不平等条约的束缚解放了，粗细工业有相当的成绩，煤铁能自己开发，棉毛能自己制用，交通能流通国货，发展足以抵抗国际帝国资本主义的侵略，便可尽量发展固有的农业，在世界做一个家给人足的国家……这是不必以工业为立国之本的第一种理由。其次，工业固然是生产的，然而生产过剩，资本帝国主义便要向外谋取市场，因而引起国际战争，对内要谋产业合理化，失业的恐慌更无法避免，这种现象，欧美、日本等等所谓列强，已经以很显明的事实昭示我们，我们为什么还要蹈其覆辙自寻苦恼呢！这是'不必'的理由之二。至于农业，中国在历史上是以农立国，人民的百分之八十以上是农民，要把这许多农地弃而不用，把这许多农民尽驱入工场，不独在生产理论上显示不经济而已，事实上亦无办法。而且以农为本的国家，更有一种好处。为工业国家所不及的，就是她的经济基础建设在国内的天产之上，平时固可以少与人争，战时更可独立自存，这是中国不能以工业为立国之本的基本理由，同时也是不能不发展农业以谋自存的主要原因。"

其方法是首先改革师范学校及师范大学，并改良农学院，改设殖边学校。他说：

"对于师范学校则缩短其在校读书的时间，使他们在乡村中从老农、老圃学习种植园艺的基本技能，再辅以近世农业上、健康上应用的知识与技术，以期深入于民众之中，引导民众从事改良生产的活动……把现在的农学院切实整理，要设法使他们学术的果子遍撒到一般人间（定县的农场很有成绩，然而它的一切都是农学院应该作的）。师范大学应该以农学院为基础，师范大学生对于教育科目尽可少习，毕业时的农林知识与技能，至少都要有新农业专科毕业生的程度（现在的农业学生，一样是学洋八股，于实际上不能应用）。他们毕业出来教师范生，庶几可以给他们一些实际从事生产的能力，师范生本其师承，也可以实际作点增加生产的工作。至于殖边专科学校的办法更不是现在教育部章所能范围，也不是现在大学教师所能济事，更有待于特殊的培养。最基本而重要的方法，是集国内此项专门人才，先行设立此项学校一所，从实际上训练一批领袖人员，然后再行逐渐扩充。"

此外，十九年以后，《教育与职业》《教育研究》等刊物及报纸上不时有关于生产教育的论文，但大体与上述各家的意见相似，故不赘述。又定县之中华平民教育促进会及梁漱溟之乡村建设研究院亦注意于生计教育及农村经济之改进，只以其出发点别有所在，俟以下再述。

四

五四运动而后，各种政治上经济上的学说、主义输入，激动了国人注意实际的社会问题，乡村教育遂亦渐为教育界所重视而发为文章，刊诸报纸杂志。十二年而后，江苏各省立师范及河南省立师范均设有农村分校，已逐渐入于实际运动。及十六年南京晓庄学校成立，在乡村教育史上乃开一新纪元，十七年而后，各大学教育学院多设乡村教育课程，十九年而后，山东乡村建设研究院成立，乡村教育乃更增一生力军。而两次全国教育会议、三中全会及各种教育会议均无不以乡村教育为言。其在思想方面，数年来虽有不少的主张，但归纳起来，可以下列二说为代表。

甲、乡村生活改造说　倡此说者为陶知行。他本着教育是"国家万年根本大计"及"教育家应向着农民烧心香"的信念，主张以乡村学校为改造乡村生活的中心。他以为："中国乡村教育是走错了路，他教人离开乡下向城里跑；他教人吃饭不种稻，穿衣不种棉，造房子不造林；他教人羡慕奢华，看不起务农；他教人分利不生利；他教农夫子弟变成书呆子；他教富的变穷，穷的变得格外穷；他教强的变弱，弱的变得格外弱。"这都是死路，非另找生路不可。

生路就是建设适合乡村实际生活的活教育。即"要从乡村实际生活产生活的中心学校，从活的中心学校产生活的乡村师范，从活的乡村师范产生活的教师，从活的教师产生活的学生、活的国民。——活的乡村教师要有农夫的身手，科学的头脑，改造社会的精神……活的方法就是教学做合一，教的法子根据学的法子，学的法子根据做的法子……要教学生在征服自然、改造社会环境上，去运用环境的活势力以培植他自己的活本领。"故乡村教育先要与农业携手，以改进乡村生活，其次要与银行、科学、卫生、道路工程各机关联络，以推翻重利、破除迷信、预防疾病、改良道路。同时注意于乡村的自治自卫的训练，以期村人能自食其力，村政能成为村民自有、自治、自享的活动。能如此，则"中国个个乡村变做天堂、变做乐国，变做中华民国的健全的自治单位。"故"乡村学校是今日中国改造乡村生活之惟一可能的中心。"

在实施上，他曾在南京办有晓庄学校，十九年四月晓庄学校被解散而后，他仍本其信念努力于文字工作，二十一年五月他为上海《申报》撰《古庙敲钟录》以发舒其乡村教育之理想，只惜因故不曾完篇。我们无由窥其全部的详细的方法耳！

乙、乡村建设说　倡此说者当推梁漱溟为代表。他与陶氏虽然同样注意于乡村教育，但其出发点却完全不同：陶氏以教育为基点，故首先注重于乡村学校之改革，逐渐及于乡农乡政；梁氏则以解决中国问题为研究的对象，于发现乡村问题之重要后而注意于乡农教育。在陶氏理论上，改造乡村学校是方法，改造乡村生活是目的。在梁氏则办乡农学校、改进乡村，均是解决中国整个问题之手段。——此为作者对二氏之理解，不知二氏以为然否？

梁氏从人生态度上，发现中国问题完全与近代其他国家不同，以为在政治上不能适用民主政治及无产阶级专政，在经济上不能采用资本主义及共产主义。而"中国问题之解决，其发动主动以至于完成，全在其社会中知识分子与乡村居民打并一起所构成之一力量。"简单说，即中国问题之解决在村治或乡治。

所谓村治或乡治，即从经济、政治、教育或文化三方面建设乡村。"但照天然的顺序，则经济为先；必经济上进展一步，而后才有政治改进、教育改进的需要，亦才有作政治改进、教育改进的可能。"其实际的工作，在现在为山东乡村建设研究院。其属于教育方面者为乡农学校。

乡农学校在山东邹平县已由该院指导设立多所，其实际情形见于该院刊行的《乡村建设》第一卷二十一期至三十期。惟系统的理论尚未见发表，但就该刊各报告书的言论看来，亦可略窥乡农教育内容的一斑。兹摘述如下：

"乡农教育是什么？……是中国生产大众的全人教育。……我们说：'以乡农教育推进乡村建设'，我们的意思是要指明乡村建设与乡农教育是不能分离的。"

"乡农教育的目的只有一个——改造乡村生活；乡农教育的方法也只有一个——去与乡农生活。"

把乡农教育的目的分析起来，在个人方面，"是在（一）增进学识，是即语文教育；（二）扶持健康，是即健康教育；（三）学习技能，是即职业教育；（四）启发心灵，是即品性教育；（五）引导乡农参与并改进社会及文化生活，是即公民教育"。在国家方面："（一）加速普及教育；（二）培养健全国民；（三）实现民本政治；（四）扶植民族生命。"在乡村社会方面："（一）改良农业，提倡合作，充实农村经济；（二）扫除文盲，化民成俗，刷新乡村文明；（三）倡导自卫，除暴安良，奠定太平基础；（四）减去乡建之阻力，增大乡建之势力，使乡建事业之推行，无阻亦无弊，可大亦可久。"

梁氏对于乡农教育虽未发表系统的理论，但从其《丹麦教育与我们的教育》文中，亦略可窥见其对于乡村教育之注重点。他说：

"中国教育除非从此没有办法则已，如其有办法，必自人生行谊教育之重提，而后其他一切组织技能教育乃得著其功，抑必将始终以人生行谊教育为基点而发达其他知识技能教育焉。如前所陈，中国教育今当置重于乡村教育、民众教育，然使所谓民众教育徒琐琐于识字、于常识、于农业改良，而于吾人如何处兹历史剧变的世界无所启发指点，则可云毫不相干。今之乡村社会于千余年风教不改之后，忽尔变革激急，祸患迭乘，目眩黑白之辨，人无乐生之心；而时则旧文化既毁，若政治，若经济，社会生活之方方面面乃非有伟大创造，开民族历史之新局，必无生路。一方农民心理既不胜其窘闷消沉；一方时代责任所期于彼者顾极重且远，自非有极深之信仰、绝强之意志之大教育家，从人生问题上启发指点，俾其心理有大转移，则一切都谈不到。"

他这重视教育家本身努力的态度，固与陶氏"烧心香"的精神相似，但其出发点与教育方法，则彼此相去甚远。

此外，上海立达学园本其工学主义，设立高中农村教育科，以"（一）试验集体的工学农庄生活；（二）养成指导农民的工学能力；（三）养成指导农村儿童工学的工学能力为目的，而特别注重于农家副业（如养蜂、养鸡、园艺）技能之训练"，在乡村教育之理论与实际上，亦有所贡献，不过其范围与影响不如陶梁两氏之广大耳。又在江苏下蜀有一所教会办的三一大学，亦颇带点乡村教育的工作，学业的活动，也颇特殊。不过这是教会一派的试验工作，外间很少得到他们的文字的报告，所以只能略而不论了。

五

十六年以前，虽有民众教育的事实，但其名称则为通俗教育、平民教育。

十六年国民政府统一中国，根据中山先生唤起民众的遗言，于是民众教育逐渐成为党化教育内容之一。十六年七月，《国民政府教育方针草案》说：

"党化教育是革命化、民众化的教育……民众化的教育是民众所有的教育，而且是民众人人皆能享受的教育……在民众化的教育里面，科学自然以事实为根据，不容有什么曲解，而且科学的应用，完全是为民众谋幸福的。"

十七年七月，《新生命》刊行"民众运动专号"，阐述民众运动之理论及方法甚详。关于民众教育方面，赵冕提出下列的宗旨：

"对年长失学者施以最低限度的国民教育，使能完成三民主义国家的建设。"

他复根据此宗旨，厘订九十四个目标，以期实现三民主义。斯年全国教育会议并决议设立民众教育委员会以期实施，江苏之省立民众教育学院且先期于斯年二月成立；自此而后，各省均有民众教育之实际的设施。十八年一月，教部且公布《民众学校办法大纲》，在法令上亦已植了基础。

民众教育实施之有成效者，当推中华平民教育促进会在河北定县之平民教育与江苏省立教育学院在无锡之民众教育。在教育思想上亦可以此二处为代表。

平民教育发端于欧战时的驻法华工青年会，最初以识字教育为本位。民国九年后始逐渐推行于国内，施教的范围亦逐渐扩充。其中心主持人为晏阳初。他们的口号是"除文盲，作新民"；他们的信条是"人格平等"；他们以为现在人格的不平等，是因为社会制度不良，教育机会不平等，遂致各人的学行有差别，人格分高低。在社会组织未经改良以前，惟有努力于教育机会的平等，使人人有发展的机会，人格不平等的原因也就可以消除。所以他们规定平民教育的目的为教人做人——做整个的人。要做整个的人，第一要有知识力，第二要有生产力，第三要有公共心，故以文字教育、生计教育，公民教育治之。十七年而后，他们更分析中国所以衰弱的原因，系人民有愚、贫、私、弱四大病，于前三项教育之外，复加以卫生教育。他们以为教育者的责任在给平民以四大教育的知识和效能，所以四大教育是整个的、连锁的。其实施有平民学校、农业推广、家庭会、医院、社会调查等。换句话说，凡人民生活应有的问题，他们都想法为之解决。凡属平民都是他们教育的对象。

江苏省立教育学院对于民众教育之实验与研究颇为努力，但在理论方面，除该院主持人赵叔愚（民众教育学院的院长）、高践四、赵冕等等个人意见，尚未见有体系的发表。据高氏的主张，则民众教育的内涵如下：

"民众教育之目的在造成健全公民，改进整个的社会，并充实个人的生活……民众教育的对象偏重成年人：凡成年的男女民众，不论贩夫走卒、显宦豪商，都是民众教育的对象。不过民众教育机关如图书馆、体育场等等，儿童亦尽可利用。并且办理民众教育的人，有时候因为联带关系，不得不顾及儿童，譬如婴儿健康比赛及托儿所等。至于民众教育的项目可分为健康、公民、生计、文字、家事、艺术（包括娱乐）等六项。这六项教育须相辅而行，并且实施的人应该因人因事因时因地、就民众生活的需要点出发，因势利导，渐谋改进整个的社会及充实各个生活的目的。"

在工具和方法方面，他以为"注音符号、白话文、演说、图画、说书、幻术、音乐、戏剧、识字运动、卫生运动、合作运动、农业推广、团体组织（如农会）等等"都可运用，而中国原有的讲学论道，新有的通俗教育、社会教育、职业教育、平民教育、欧美的成人教育等对于民众教育都有密切关系，极大贡献。民众教育应该综合以上各种而成，不应该分派别而有所歧视。

他们都是教育者，虽然以民众教育为改进乡村的方法，但对于它的效用极其重视，以为它是"超阶级的、彻底的、根本的，小之可以解决个人的生活问题，大之可以正人心、易风俗，减少内乱，协和万邦"。

六

中山先生之三民主义，以民族、民权、民生三者并重，故十七年以前之言党化教育者，亦以此三者并行，十八年国民政府公布之教育宗旨亦以民族独立、民权普遍、民生发展并举。二十年六月国民会议议决之《教育设施趋向案》，则特别注重于民族精神之恢复。"九一八"而后，因外患之逼迫，国人对于民族主义之认识乃更进一步。学术界讨论民族复兴问题者日见其多，虽然其立足点有生物的、文化的、经济的、意志或心态的之不同，但要求民族有出路则一。其在教育方面者，二十一年八月中国社会教育学会在杭州开一届年会，议决请《全国各社会教育机关一致实施救国教育案》，及请确定《社会教育方针案》，均以发扬民族精神、陶铸民族意识为言，而理论上较有系统者有罗家伦、朱家骅两氏之言论。

罗氏鉴于德意志的复兴得力于德意志民族的统一，而倡创造有机体的民族文化，以期挽救现在中国的危亡。所谓有机体的民族文化，其最重要的含义有二：第一，必须大家具有复兴中国民族的共同意识；第二，必须使各部分文化的努力在这个意识下成为互相协调的。其方法为诚、朴、雄、伟四字。——诚为对人对学问有诚意；朴是崇实而用笨功夫，以树立朴厚的学术气象；雄是大雄无畏，用以挽救纤细文弱的颓风；伟是伟大崇高，用以破除褊狭纤巧之见。

罗氏此义，系对中央大学学生而言，故所重在学风之养成，而非教育上之普遍设施。朱氏重任教育部长于"九一八"之后，对于民族复兴之感觉比他人尤切。当七月公布《短期小学课程标准》时，即注重于恢复民族精神，部编之《短期小学课本》且能见之实际。十二月一日发表《教育部九月来整理全国教育之说明》，更详申民族复兴教育之旨。他说：

"窃谓中国现在，就整个民族言，必须在教育上注意民族复兴，而后中国民族乃能自由……

"中国民族复兴，必须有待于教育者有二：一为养成国民之民族观念，一为恢复国民之民族自信。总理尝谓：把世界文化迎头赶上去，把中国民族根本救起来；又谓复兴中国民族，必须促成民族团结、恢复自信。此两遗教，实有一贯意义：……盖中国社会缺乏组织，缺乏纪律，已无可讳言；个人自由既视为素常，则一切团体要素乃极端缺乏。结果，民族如一盘散沙，丧失其团结进取之精神。此在教育上非以民族观念之培养为其主要内容，实无从救正。又中国年来因西洋文化迅速输入，不暇作审慎之抉择，于是纷于抄袭，乱于追寻，终至无论任何制度文物、思想学理，一到中国，即成逾淮之枳，此皆由于失其民族自信所致。国民既忘其民族之固有文化，对于外来文化之吸收，自失其自主，对于新文化之创造，就缺其基础。文化必须创造，而创造必须以固有文化为其基础，失此基础，则世界文化，融合无自，迎头赶上去，更谈不到。此在教育上又非以民族之培养为其主要内容亦无从救正。此改进全国教育应注重民族复兴之旨趣也。"

他这理论，不仅本诸中山先生的遗教，且深中现在中国教育的时弊。只惜尚未见其实施之具体方案耳！

七

作者在《近代中国教育思想史》中，谓六十年来教育思想之进展有三条公共的轨迹可寻：第一由模仿的进而为自觉的；第二由特殊阶级的进而为平等的；第三由装饰的进而为实用的。此五年来教育思想的转变，固仍循此三轨迹而进行。但因客观环境之变迁，更有两种公共的注意点：第一是求教育与政治、经济协调地负建设中国之责，而尤注重于经济方面；第二是求教育与社会实际生活相应，而趋重于生产劳动习惯与技能之养成。

综合近五年来教育思想转变的趋势，可逆知真正的中国教育制度、教育方法即可完成于最近的将来。这种完成的工作，自然有赖于教育者之努力，而社会环境之改变，却更逼迫着教育者不能不走此路！兹略论之。

近时讲教育者无不感到新教育者之失败而责难以前的人过于模仿外国。可是前人之模仿外国教育制度与方法，并非由于个人主观的决定，乃是当时的环境容许他们如此模仿；他们所负的责任，只是对于当时整个社会无详明的分析，未来的整个世界无精密的观察而已！近五年来之教育者、社会改造者，在五年前固亦曾从事于教育，从事于中国问题的研究，然而有谁对于教育神圣观有彻底的怀疑，对于生产教育、乡村教育、民众教育有明确的信念，更有谁感到民族复兴教育之急如星火！近五年来教育思想之能有如此转变，又岂独是教育者、社会改造者本身之功，亦曰世界经济再度大恐慌而后，影响及于中国，致农村经济日趋衰落，人民生计日趋迫蹙，社会秩序日趋不安，事实上无如许财力与时间，容许教育者从容论道地模仿外国教育制度与方法，而不得不从中国历史背景、社会环境中求出路，不得不以教育为工具，努力于生产教育、乡村教育、民众教育、民族复兴教育，以谋国家民族之独立与自存！

自从"九一八"而后，国际间之所谓正义、和平，已由事实昭示我们不足尽信，自洛桑会议、军缩会议无结果以来，更显示所谓列强的经济无出路，战争为不可避免，而苏俄五年计划之成功，复暗示我们经济与民智对于建国力量之伟大。则此后要求中华民国独立于世界之中，中华民族永存于大地之上，惟有努力自强，努力建设；在自强、建设的过程之中，教育当然是重要工具之一，在实施方面，也当然要使它中国化而趋重于增加生产、改进乡村、启发民众、复兴民族。今日教育思想转变的趋向既为事实所逼成，复有事实作前导，其道路当然不错。可是这道路要怎样走才顺利，更要怎样才能达最后的目的地，却是值得考虑的问题。

我们诚然不当悲观，说现在中国教育生产的路走不通，然而处此国际经济无出路、群向中国求解决而加紧压迫的时候，中国的生产应采何种方式，应取何种手段，方能外抗压迫，内足自给？其次，中国乡村的组织以小农为本位，无论在经济上或文化上都是静而不动，在这世界剧变、二十年当一世纪的时代，要怎样才能推动它应付剧变，迎头赶上世界潮流。照现在时贤所拟订的方案，逐步施行，"时间"能否许我待？第三，中国的一般民众不仅失教而且缺乏生机，不仅是一盘散沙，而且缺乏国家观念，教育要怎样才能面面顾到？是否能一手包办？第四，民族诚当复兴，然而中华民族精神的优点与缺点究竟何在？教育的实施应该注意的具体的事象如何？教育者是否能单独负此重责？这种种都是当前的问题，希望教育界的先觉者予以详慎的考虑。更望教育者注意教育以外的政治、经济、社会诸方面，以谋教育上之协调而共同担负着建设国家复兴民族的责任！

1932年

导读　教育思想的转变不是一种自我的否定，而是如陶行知所提倡的"常新"，所以一位优秀的教育家，其思想一定是常新的，新与旧的更替，也便成了教育见解的递变。

十年来我的教育见解的递变

十年过去了！这十年是中国也是世界的大时代。生活在这大时代的人们，物质的外形也许没有多少的变动，但精神上总不免因时代的影响而大有变动。

中国十年来的变动更大，全国人民，经过八年的艰苦抗战，经过胜利初期的兴奋鼓舞，更经过一年余的彷徨咨嗟。倘若友朋对座，互诉衷曲，必有不胜今昔之感，也必能在内心上寻出今昔不同之处。

我在这十年中，由中年而进入老年的境界，虽然未经战场，但中国及世界的战争事象，都直接间接地影响及于我的生活，也影响及于我的思想。

我的生活是多方面的——这是由于我的个性及职业不容许我过单纯的生活；因而我对于人生见解的变动也不限于一方面。但因我在少年时进了教育职业的圈子，中年以后又以文化工作为生活，所以大时代的各种影响，每每自然而然地集中在教育方面。

《中华教育界》停刊已十年了。今日复刊，我愿意以教育者的立场，述我十年来在教育见解上的递变。这种叙述虽然是主观的，个人的，但是我相信社会的构成离不了个体。集个人的见解加以修正补充，也许可以成为一种"共见"，或许更可由"共见"而发生"互信"，由"互信"而成"共行"，则于全国教育的改进也许不无益处。此外，十年来，我与教育界的朋友太隔绝了，更希望藉此文与友好通声气！

一 旧话重提

我要叙说十年来我的教育见解的递变，则至少要略述我十年前的见解。——这见解虽曾被某些同好称为思想，但我以为思想是已成熟，有系统的东西，我的教育见解仍在不断修改之中，故仍称为见解。

十年以前的教育见解，二十余年以来我曾陆续用文字发表过，且曾在去年出版的《我和教育》中为有系统的叙述。读者及教育界友好之中，想大半已经见到。但为本文的体系与叙述的便利计，还不得不略为提叙。因为这一节所讲的，大体都是旧话，所以我叫它作"旧话重提"。

旧话从个人的生活背景说起：

"我是小农之子，幼时曾受过纯粹小农社会的私塾和书院教育。十五岁以后，又曾受过新式的学校教育。二十四岁以后，即从事于教育事业，三十二岁以后，专力于教育著述；较难得的是我的生活是由小农社会而转入工业社会。虽然我现在绝不能再回到故乡去过小农社会的生活，但小农社会的种种生活习惯，我仍不曾忘去，而且很感兴趣；同时因为职业等生活的种种需要，对于工业社会的种种习惯，我也能相安；它的好处和坏处，我还能判断。在教育方面，我更有些奇怪的经验：就是我当学生时，曾因闹风潮而被开除，更曾借过别人的文凭考入高等师范；当教员时，曾做过几省的中学、师范及大学的教师，并曾做过四次风潮的对象而几至于生命不保。"——《我和教育》叙文，页三~四。

我的生活背景规定我十年以前的人生见解和教育见解。

在人生见解上，民国十三年刊行的《人生哲学》，我曾说过这样几句话："我们从生物学上看来，知道生物有了机体便要活动，而人类精神上有一种无限的自觉创造性的特质，一切活动都能影响于他人（因果观）！故个体虽小，其有造于宇宙者却很大。所以我们觉得人生是积极的、演进的，彻头彻尾有希望，可乐观的。人生的一切活动，都是能创造，可乐观的。我们的机体存在一刹那，便当本创造的精神，为积极的活动，无所谓悲观，更无所谓虚幻。"

教育见解可分为三类：第一是对教育本身的见解。我在民国十五年刊行的《教育通论》中，曾为教育下了一个定义说："教育是改进人生的活动，其目的在为社会创造自立的个人，为个人创造互助的社会；其方法在利用环境（自然环境及社会环境）的刺激，使受教育者自动地解决问题，创造生活。"第二是对于教育与其他人生活动的关系的见解。这见解我在民国十七年刊行的《近代中国教育思想史》中曾表白说："教育是人类活动的一部分，绝不能离其他活动而独立；社会、政治、经济各方面的理想与事实，都足以支配教育。故教育的改造，绝不只是一个教育的问题，而是社会、政治、经济各方面的问题。我们在此处虽然以研究教育问题为中心，但万不可相信教育万能，也不可相信教育无效。我们所当注意的，只是教育是人类活动中的一部分的事实，它虽然不能离他种活动而独立，但它的改造，却大有影响及于他种活动。因此，我们要指示今后教育的途径，应当看清社会、政治、经济各方面的情形，建立一个可以达到目的的康庄。"第三是对于建设中国教育的原则及方法。在原则方面，民国十七年三月我曾在《教育杂志》发表《中国教育建设方针》一文，我以为"中华民国的教育建设，第一认定中国应当独立存在世界上；第二认定教育是建设中国的工具之一；第三认定要谋中国独立，非先从经济上着手不可；第四认定历史上是小农制度的国家，现在的社会组织固然如此，而且将来亦不能推翻此农业制度。故教育设施的一切要素均当以此为根本。"因而我当时在原则上主张：第一，"要求中国经济独立，无论何时都当以改进农业为主，改进工商业为辅"；第二，"今后的教育在哲学上应当注意于人本主义与自然主义的调和"；第三，"在学校制度，须一面提倡独力自学与师生的'人'的关系的精神，力挽工厂式整批生产与商业行为的颓风；一面须仿书院制的办法，在乡村设立图书馆、科学馆、体育馆；延请指导员负指导责任，使农民子弟于不增加生活上的负担而能自由求学；其学业标准完全以考试制行之。各级教育完全免费，并用奖学制度补助贫苦学生的直接生活费，以发展其天才。"第四，"教育行政既不专采中央集权制，亦不可专采地方分权制，应将二者调和。在立法与行政方面均当严格规定中央与地方的关系及其权限，尤应组织教育立法、教育监察的独立机关；在经费方面更应当将中央、地方及特殊——如不属于二者之学术机关——三方面确立预算，行使独立会计制以保障之。"第五，"在课程上，一面要从固有的历史中寻求先烈丰功伟绩的事迹以坚定国人对于国家的自信力，一面要特别注重科学精神、科学方法，养成力能遂志的国民，以创造未来的文化。"

我对于建设中国教育的方针既有了原则的决定，在教育行政、学校制度、免费办法及生产教育等等也有详细的办法。十七年五月我曾向当时的大学院全国教育会议提出教育行政制度改革、学校制度改革、各级学级一律免费的三个议案——教育行政制度改革案，因与当时的教育行政制度冲突，未送交大会——且曾在《教育杂志》发表过，这里只略述数语。

在教育行政制度上，我本"专家政治"的原则主张设立四个机构，即第一教育立法机关，第二教育行政机关，第三教育监察机关，第四全国学术最高机关。教育立法机关，分中央及地方两种；全国的称中央教育会议，其职权（一）献议关于全国教育根本大计的意见——其决议权应属之全国行政会议；（二）议定关于全国教育之重要法规及经费预算；（三）推荐及同意全国元首所提出之教育行政长官及教育监察首长。会员人选约为教育部部长、次长、国家学会代表、国立大学校长、私立大学校长代表、全国中小学校长代表、全国学术团体代表、全国职业团体代表、全国教育专家等，每年改选一部分。其属地方者，称某某地方教育会议，其组织及权限较全国者缩小。本会议若失职得由教育监察机关检举，教育行政机关及人民团体控告，由国家法定机关纠正之。因为教育立法的目的，在集合专家共谋教育设施的改进，所以规定行政长官亦为议员。其次，为谋教育能继续而顺利的发展，有借重熟练会员的必要，故规定每年改选一部分。第三，各会议所议者为根据于全国教育方针下的法规及经费，对于全国的教育大政方针，只能有意见的贡献，不能为直接的决议，与国会、省议会、县议会的性质不同。至于会员，除教育界人员外，并规定学术团体、职业团体的代表者，是因教育为有关全国国计民生及社会文化的设施，处处与他种学术及事业有关，非有各门专家贡献意见不可。教育行政机关亦分全国及地方两种：属全国者称教育部，属地方者省称厅，县称局。专管行政事务，凡关教育法规及经费支配上的责任，划归教育立法机关去担负；关于学业考试及行政人员本身职守上的监督，则由教育监察机关办理；其属于学术建设者则由国家学会办理。教育部虽为内阁之一部分，但应保持相当的独立，教育部长应由中央教育会议推荐，由全国元首任命，或由元首提出于中央教育会议，得其同意然后任命之。教育厅长或教育局长之产生，则以经省或县教育会议之推荐或同意，由教育部长任命之。教育监察机关亦分全国及地方两种：属全国者称中央教育监察院，属地方者称某某教育监察所，其职权有四：（一）监察教育行政人员职守；（二）审核教育经费收支；（三）视察并指导各种教育；（四）考试教职员及学生。各种教育监察机关设首长一人，主持全部事务，由教育立法会议推荐或同意，由元首或教育监察院任命之。其内部组织分三部、一委员会，即：（一）监察部，由教育立法会议选举之，各员对教育及学校行政人员独立行使监察职权；（二）审核部，由首长聘请熟悉教育事务及富于财政经验者任之，负审核教育及学校行政机关经费收支之责；（三）督学部，由首长聘请退职而有专长之各级教员任之，常期轮流视察各级教育并指导之；（四）考试委员会，依临时需要由首长指定监察员，督学及审核员任之。于必要时并得聘请专门人员充任专员。凡各级学校学生之入学，毕业考试及教职员检定均由本委员会主持之。全国学术最高机关则全国只有一个，定名为中国国家学会，内部组织应分为文学、科学、哲学、艺术等若干门，每门更分为若干类，每类设会员若干人，会员由全国学术团体推荐或自请，再经严格之调查与审核，然后将去取之理由公告全国，任人讨论，以最后之结果交由全国学术团体联合会通过，始正式列为会员；以后有补缺者，即由本门委员会及其有关系之学术团体推选，交由全体会员通过之。凡关于学术上的种种问题，均以国家学会为最高的决定机关。教育上有关于学术上之兴废，非经国家学会之同意，不能单独进行。

在学校制度的改革，我当时立定了四项目的：（一）使都市教育与乡村教育平均发达，在乡村注重改进农业生产，在都市注重工业之发展，以谋国家经济的独立；（二）使乡村农民子弟于不增加生活负担之情况内，能自由入学，以普及农民教育；（三）使教育与生活打成一片，以发展个人；（四）使师生之间的关系建立在人格之上，以增进教育效率。并列实施方法十三条。其最重要者为：（二）全国各级学校，现在均用二重制：（1）即已有之学校听其继续存在，惟中等以下之学校，注重个别指导，专门以上学校厉行导师制；（2）在乡村增设图书馆、科学馆、体育馆，延请指导员指导不能入学校之儿童与青年，辅助其自修各级教育。（三）全国公立之教育与学术机关一律免费，除在学程上须受考试外，不受经济及性别之限制；对于贫苦子弟，更采奖学制以补助其直接生活上之费用，使之上进。（六）严定各级教育标准，厉行考试制，不论校内校外生，凡欲得某级学校毕业或某种专科研究文凭者，一律须受试验；国家用人，即以考试结果为取舍标准。（七）图书馆、科学馆、体育馆的设备及运用，仿美国葛蕾学校制度（The Gary School System）的办法，以实事求是、终日应用为目的。各省之有省立大学者，即就已有之三馆扩充，指定一部分教授为导师，指导校外学生研究专门学科。各县之有中学者如之，以中等教育程度为限。再以镇为单位添设三馆，以初中以下之程度为限，延请专人负指导之责，以期普及。更就各地方特殊情形设特殊的图书馆（如上海之商业）、科学馆（如汉冶萍之煤铁），指导青年实地研究，以谋特殊事业之发展。（八）在学校以外自修各级课程者，不限定年龄与时间，以考试及格为标准。他们自修各级课程时，除可在规程内自由请求三馆导师指导外，并可由家庭延请教师指导。（九）乡村之科学馆附设农事试验场，负改进该地农业之责；图书馆附设通俗讲演所，负开通该地民智之责；体育馆附设卫生处，负当地公众卫生之责；其他各特殊地方之科学馆一律设特殊事业试验所，以谋改良各种产业。（十）导师俸给、三馆用费，完全以间接的税收方法供给之。除自愿捐赠者外，无论学生或其保护人均不与导师发生直接的经济行为（此即书院制与义塾制之遗意，打破现行制的商业行为，以期增加教育效率）。导师指导应以知识启发、工作参加为主，不重空疏的讲演。

在《各级学校免费案》中，我提出一个很平常而很实在的理由说："从教育发展史上看来，仅为维持人类的素朴生活，并无需乎识字读书的教育，只要儿童于长期生活历程中直接参与已足。现在的种种教育，原以造就良好国民为目的，国家对于在学者成年后所课的责任很重——平时纳税，战时服兵役——当其受教育时，在理应为之负生活上之一切责任。现在既不能负其生活上的全部责任，而责其父母负直接生活上费用之责，国家负教育费之责，于情于理，均极平允。"

此外我对于生产教育还有一些意见。民国二十年我在《中国教育之出路》文中说："中国民族重大的缺憾有人以为是贫、弱、愚、私，所以有人提倡生计、卫生、文艺、公民四种教育以补救之。这四种缺憾自然是事实，然而根本的大病更是在于贫。因为无知识而愚，不健康而弱，缺公德而私，都是无力受教育，无力讲卫生，无法顾公德而然，都是由于贫困所致。""要医贫的毛病自然只有增加生产之一法。……第一生产的增加应以农业为主，工业为辅；第二增加生产的步骤应先从训练师范生及大学生入手；第三从合作走上社会主义的道路。"

以上所讲的都是些旧话。起初原想简单地只讲几句，但因几十年往事太多了，一下笔便写不完。虽然我的三馆制和考试制的办法，在现在的教育行政上已有若干命令是和我的主张隐约相合，似乎不必再提，但要说明我现在的教育见解，仍不得不略为提及；至于教育行政制度的见解，似乎没有人注意，而教育活动与其他人生活动的关系，则教育家的所见更各不相同。所以更不能不略为一讲，因而写下这么多。好在我想藉此文以与友好通声气，多讲一点或者可得读者的原谅吧。

二 十年来我的生活概述

十年的时间是断自民国二十六年初至民国三十五年底。

十年来我的职业没有变更，那是说我始终为中华书局主持编辑所事务，不过在三十五年上半年曾兼任之江大学三小时的教课，又于五月起为青树基金团料理教育健康辅导事宜，这两件事虽然与我的本职无关，但倒是真正属于教育范围的职务。所以十年来我在职业上仍没有脱离教育和文化的圈子。

在生活上大概可分为下列几段。

第一是民国二十六年的上半年，即七七事变以前。我代表公司，常常往来于京沪道上。主要任务是出席中央文化委员会和教育部，与党政当局研究讨论关于准备抗战的文化政策问题。当年"八一三"沪战发生，八月十二日晚我方从南京乘不定时的火车返沪，到上海北站已是紧张万分、全沪戒严的时候。八月十三日以后，上海沦为战场，我一面力尽职守，与公司当局计划教科书之供应问题，一面仍参加上海各方面之文化教育活动。直到十一月中华书局总经理陆费伯鸿先生率眷去港，我代他主持局务，始无暇参加外间活动，而把所有的时间集中在职守上。

第二是民国二十七年，中华书局以上海沦为孤岛，无事可做，而近二千同仁之工作无法维持，由伯鸿先生决定裁员减薪暂维公司实力以待后图，我奉命与干部执行计划，同仁以生活问题及社会各方面之种种关系，发生工友占厂之大工潮，时间迁延至九个半月之久，在法庭涉讼亦逾四个月，其中复杂情形给我以人生上人事上的教训至多。

第三是民国二十六年夏至三十年冬之四年余，我以职务之关系，往来港沪十余次，使我能在上海以外看到许多人生上人事上的问题，而三十年七月九日伯鸿先生在港逝世以后，在事业上失去一同志，在朋友上失去一知交，我精神上所受激动至大。

第四是民国三十年十二月八日太平洋战事发生时，我正在香港。香港事变解决后，本拟去渝，而以新公司当局李叔明先生委托料理沪事，不得不返沪一行，直到第二年五月八日到上海，则公司之事已由李先生委托董事会之常董选定吴叔同先生代为处理。因负责有人，我拟将公私各事略为料理后即暗自去渝，同时先遣较长之两女内行。不料七月初即大病，到三十二年春病更加重，几至不起。于医药无效之余，转而自己研读关于卫生健康书籍，逐渐实行。到三十四年始离医药而身体亦勉能支持。

第五是民国三十一年七月以后在上海困居的苦闷生活。二十九年冬，南京伪府未组织前大倡和平谬论，曾有人向我麻烦过，我立即迁入都城饭店避之，由美国友人沃德生先生兄弟为我料理私事，订购船票，不久即去港。三十年我虽暗中往来港沪，但伪府既经成立，用不着摇旗呐喊之人，且知我常不在沪，故对我亦无麻烦。此次由港归来，中心至为惴惴，盖由港同船归来之人不少，难免不将我返沪之消息传去，而惹出麻烦，故归来不久即决定暗行赴渝。不料七月初一病，辗转数年，无法离沪。幸我自二十六年以后，即因事务繁忙，不在任何报纸杂志发表文字，且从不参与公共集会，一般人已淡然忘之；也幸当时上海伪府的人，根本与教育文化界无关，只要你不活动，他们也不理睬；又幸我在三十二年病得相当重，手不能举，脚不能走，以百五十磅的体重，瘦到不上百磅，病相完全摆在面上，任何人看到，都有"奄奄一息"之感。所以虽有少数自香港归来的人知道我在沪，想转念头，但看到我那副"行将就木"的神态，也觉着实在不能派用场。而那些人大概更知道我这三湘七泽的刚决性情，恐怕弄得不好，致我一命呜呼，他们反而担下无谓的责任，所以当时虽也有人以看病为名对我看看风势，但也没有提出什么问题。只有三十三年夏，长沙沦陷之后，东京派来一位贵族的中将什么田，从间接又间接的各方面想我返湘当傀儡，我当时决定以一死相拼，与之争辩半日，幸得友人陈昌蔚先生之助，终于被我战胜，从此以后，便也再无人来麻烦。我反能安居家中，以读书偷听无线电消息安排精神生活，以出售书物来维持物质生活而渡过我的苦难日子。

当时上海一般人民生活的困苦，友人陶菊隐先生曾写有《天亮前的孤岛》，在去年一年的《新中华》上陆续发表，而我家则更为困难：第一我是文化人，素来很穷，平日生活都靠薪给收入，而当时我在中华书局所得的月薪，最多时不过一二石米价，最少时不及三斗米价，而平日之版税则以书籍最大多数被日人禁售，收入几等于零。第二我虽在商业机关十余年，但无经商的经验，也无经商资本，同时更不屑为此。第三我家食指既繁，而医药费又大，收入较战前既减至不及什一，而支出反而增大。在当时的生活维持上确费周章。除一面节省开支——吃饭吃杂粮，衣服不添，小孩所需衣服以大人者改制，大人的需添制之衬衫裤等因我与内人及大儿子都能裁剪用缝纫机，故均完全自行缝纫；一面将历年积下来的中华股票及书籍等陆续出卖，尚能勉强度日。在精神方面的痛苦则最最难受：第一，我自幼有读书的习惯，每日不离报纸者已近四十年，而兴趣又是多方面的，除去日常工作及阅读的时间以外，好以旅行、照相及摄电影、玩无线电为消遣。"八一三"后，我除因职务上之必要常去香港外，足迹不出两租界一步，当然说不到旅行；照相及摄电影，一则经济力不够，一则心情不许——太平洋战事以后，胶片极不易得——这些玩意自然更说不到了。剩余的时间只有尽量用到读书与无线电上面。可是当时的出版物，中文的几乎全无有关学术的东西，宣传刊物则我不要看，报纸的消息更苦不得真相，西洋的刊物，根本不能进口，日本的书籍虽然也有可看的东西，但我的日文程度不够。中国的旧书虽然很多，但在时局动荡的时候，时时关心的是时局的转变，也无意于钻研古籍，为求了解时局的真相，便只有专心于听无线电。可是在三十一年冬季，日人与伪府所主持的"中国广播协会"限令上海所有民间的无线电收音机都要登记，六灯以上的且要没收，同时更将所有的短波拆去，加以封条，如查出有私自改装或有私售短波器材者，以军法从事。我在香港的六个月内，曾想过许多方法偷听短波，在精神上所得慰藉不少。初回上海当然是公开的听，而到短波被拆去之后，精神上的苦痛，实在不能忍受，时时想法改装，但无法购得线圈——当时也有私售的行家，但生人绝不敢去买，因为弄得不好被人报告，便有生命危险，同时行家也不敢出售于生人，恐其报告。大儿泽宁，以年龄关系——那时不过十八岁——虽然对于国际时势不如我那样急迫地要了解，但对于我精神上的苦闷则极要设法解除。而他自满九岁起即开始玩无线电，本他近十年的经验，自行试绕短波线圈，经过近一月的时间，居然被他弄成功。三十二年一月三日初次重听重庆、昆明、旧金山、伦敦、得力、墨尔本等地的新闻报告时，真是欣喜欲狂。但收音机已经登记，又怕随时被查出，恐惧之心又时时与喜悦之感交织。他更想尽方法费去一些时间，再把短波线分离，使平时只有长波，要用时用一根不到一寸的凵字线接上，检查若不把全机拆开，只在外面转动，根本不能发现。而当时检查人，大概都是些"官员"，也不知道这巧妙，所谓检查，也不过是看看封条，把开关转转而已，就是查也查不出。不过三十二三四年的三年之间，有几次风声很紧，出事的人家很多，报纸上每有记载，他又不得不把短波真的拆去，等到风浪一过又复原。我便在这无谓的警戒中，把每日下午七时至十二时的时间都消磨在收音机旁。到三十四年初，我们的"勾当"已公开于几位最可靠的朋友，晚上便常常有座客，而来得最勤的，要算由香港同船归来的何世俭先生。他在香港战时被日机炸去两脚，每次都是扶着两杖以义足登楼，径入我的卧室，一声不响地坐听到十一时后方去。我看他的热忱与毅力，钦佩不已，为减除他的行动困难，命泽宁为之改装一具。于是我们常常以隐语"对照古本"，精神为之大快。三十四年八月十日下午八时五十分 XGOY（重庆国际电台）广播日本投降消息及电台所引入之民众欢呼声与炮竹声，使我俩忙着用电话报"弄璋的喜信"（首先得我电话的是许长卿和黄伯樵先生），但不到两小时，炮竹声已在东西南北各街上冲醒了居民的好梦。可见当时上海老百姓像我这样"犯法"的大有人在。

第六是三十四年八月胜利以后的生活，这一期的生活可分为几个阶段：第一阶段是日人于八月十五日投降后至九月九日政府大员到上海的二十余日间。在那时，上海金融界、军政界虽有相当的紊乱，但老百姓则非常兴奋，眼前所看见的只是一朵希望的鲜花，以为日人投降之后，中国的一切都将如其他美、苏、英三强一般，走上复兴之路，繁荣之途，至低的限度，一般人的生活水准，当可恢复到"八一三"前一般。对于在敌伪时期的种种苦痛都淡然忘去，至少也为新的希望所冲淡。我在那时自然和一般民众怀着同样的热望，于八月中忘去了尚未复原的疲惫的身心，天天去公司，为当局筹划业务，与各方接洽一切。情绪之高涨可以称得起无以复加。第二段是九月至年底的情形。自九月中旬后，政府大员陆续到沪，人事上逐渐发生纠纷，而有所谓"重庆人"和"上海人"的问题。当时的上海人内心所期望的是自视为落难的小兄弟，四年之间，受人百般凌辱，经过千万辛苦，满望数年杀敌的长兄归来，互诉衷曲，抱头一哭，以抒双方的积愫，同时清算家贼，治以应得之罪。不料大多数老百姓看到长兄归来的面貌，竟少"友于"的表情，而多带征服者神态。加上在经济上又将伪券与法币之比定为二百兑一，致历年来虎口余生所剩得的仅有财产又几完全丧失。于是旧日的鲜艳的希望之花逐渐黯淡、凋谢，而代以失望、悲愤之果，我是"此时此地"的人，内心当然不能不受"此时此地"的环境影响。胜利初期的兴奋情绪、发扬气氛，自然也逐渐减少以至于消灭了。第三段是三十五年一年的情形，多数老百姓尤其是公教人员眼睁睁地看着国事纠纷日多，经济的崩溃日盛，而生活的重担似乎并不比胜利以前轻，甚至于更重，对于国家社会以致个人的前途都有惶惑之感。我是庸人，当然不能超脱庸俗之见。加上我下半年来有机会与农村接触，更感到农村的凋零，都市的疲惫，更感到封建旧习的难除，官僚资本的垄断，将使人民的生活日趋困难，国家将有更大的难关，于是更惶惑了。

以上是我十年来生活情形的简述，这十年的生活都直接间接影响于我的教育见解。

三 我现在对于教育的见解

我对于教育的见解是根据我的生活背景和人生见解而来。近十年来我的生活环境虽然和从前不同，但"小农之子"的本质是永久不会变的。所以我的教育见解的出发点和对于人生的乐观仍是现在和从前一样，没有什么变动。所变动的只是些枝节问题。以下分述之。

第一我对于教育本身的见解，大体上没有很大的差别，只在教育方法上将"利用环境的刺激"的"刺激"两字改为"协调"，而在"自然环境和社会环境"之上加上"体外环境与体内环境"九字，而将"自然环境和社会环境"作为"体外环境"的注解。在最末"解决问题创造生活"之后，加了"改进社会"四个字。——全文写下来是："教育是改进人生的活动，其目的在为社会创造自立的个人，为个人创造互助的社会，其方法在利用环境（体内环境和体外环境——自然环境和社会环境）的协调，使受教育者自动地解决问题，创造生活，改进社会。"

一般人讲环境，通常只分自然和社会两方面，我在三十一年大病之后，于阅读医药健康等书籍同时，阅读关于一般生物学、生理学及生物哲学等书籍，而法人 Alexis Carrel：L'Homme, cetilnconnu（现由周太玄译为《人的科学》，由中华出版）的理论，给与很多的影响。加上亲身的体验，觉得个体之存在是不可磨灭的事实，个体之健全更为群体的必要基础。而个体的健全，除去体外环境的因素，体内环境之平衡与协调最为必要——体内环境的基本要素是血液，如何使血液平衡协调属于健康问题，此处不谈——所以我在自然环境和社会环境之外，加上体内环境四个字，而将前二者包括于体外环境之中。至将刺激二字改为协调，亦是由生理的观点而来——当详另文。在创造生活之后加上改进社会四个字，则因为"人"有个体，同时也有群性，个体的存在虽然是事实，但要对社会发生力量则非集群策群力不可，群策群力最后的归宿必是属社会的，教育除改进个人的生活外，同时要负改进社会的责任。至于改进社会的目标当然各人有各人的说法，我的意见最简单：是使人人有饭吃，人权有保障，思想能自由而已。至于用什么方法能实现这简单的意见，说来话长，只有俟诸异日了。

在自立与互助的内容上，我曾分别有所规定：在自立方面分为身体的、经济的、知识的三项。身体的自立即是人的机体与机能的健全，在先天与后天方面都要健全，故教育者应明白优生优境及健康、卫生、营养、医药诸学科。经济的自立即生活所必需的生产技能。此项生产技能除谋个人的正当生存外，还要注意社会效用和个人禀赋之发展。知识的自立即鉴别与判断的能力，此项能力之养成是以科学的态度与方法从事学问，遇事能自行观察、分析、实验，自求合理的解决。互助方面亦分为三项：第一是长幼间的互助。从生理学上讲，老幼为弱者非赖壮年者扶助不可。老老是本身取得于下一代壮年之扶助而返之于上一代，幼幼是本身施之于下一代而取之于上一代。故仰事俯蓄为生物上之间歇补偿律。此律即所以维持人类之演生。第二是人与人之间的互助。此人与人之人泛指有血统关系的老幼以外的一般人。从生物学上讲，一切生物都居于天然环境之中，生物愈高等者愈能利用自然，控制自然。控制自然的能力除去个人的智慧技能外，更当利用集体的组织力，即使各个人的能力互为辅助以达其对自然为最大限度之利用。在个人与个人的活动方面，小之如朋友切磋，大之如同业组织，在社会组织方面，小者如集体农场，大者如政治集团等。第三为国与国之间的互助。从社会学及生物学上观察，人类的生存权利应为平等的。现在国际的经济与文化的交流，自亦含有互助的成分。不过国与国之间的界限甚严，所谓经济壁垒如关税政策，文化壁垒如宣传政策等之互相争夺、互相欺骗，以致发生国际战争，而最后之受祸者概为个人，尤其是一般平民。故欲使国际间之互助，必利用教育的方法协助其他人生活动，以使各国之政治平等，经济平等，使人人能生活丰裕，思想自由，以进世界于大同。

以上为我近来对于教育本身见解的修正，曾于三十四年对之江大学生发表过。

第二是对于教育与其他人生活动的关系，我历来不把教育看作万能或无效的东西，而只视为改进人生的一种工具，应与政治经济各方面相辅而行。自经二十七年的工潮，我深切感到人生的隔膜与立场的冲突，非到一切人类的利益大体一致的时候，是无法消灭的。去过香港十几次以后，更感到"殖民地"人民被麻醉被欺骗之可怜与可恨，经过十年来的通货膨胀，又深切体验到在资本主义或殖民地的国家中由战争造成极贫极富人民的对立，而中间人或中产阶级不能存在是绝对的事实；经过这一年余兴奋、失望、彷徨的生活，又体验到政治不上轨道，生产被破坏，社会经济的崩溃亦属必然的。在此等情形之下，教育只有日趋衰落，教师只有穷困。我所谓教育为改进人生——包括个人与社会——的活动，便也成为一个画饼。所以在现在我虽然以为在功用上教育可以帮助政治，改造经济，改进社会，但在政治未上轨道之前，这功用是绝不能实现，而且教育与教师都是被蔑视的，也证明教育之为政治及经济所支配。因此，我以为教育者为本身的生存与自由应与其他职业人士一般地组织起来面对政治，以谋自身的福利与教育理想的实现，以改进经济，改造社会，而臻世界于大同。

第三是我对于改造中国教育的见解。第一我对于中国教育改革的根本原则有一点和从前大不相同，就是从前受了"中国以农立国"的迷惑，所提出关于教育建设以及生产教育的方针，都特别强调农业立国。这见解的缺点我在三十年写《我和教育》时即自我批评为"最大的缺点是未看世界大势，未倡重工业"。现在则以为为百分之八十以上人民的家给人足计，固然不当轻视农业生产，但要"以农立国"则根本是一种梦想，要立国必得农村工业化，工业国防化，国防电气化。我现在对于中国教育建设方针提出上面十五个字，绝不是随便想到就说，而是经过长时间的生活体验。兹简述如下。

就战争的本质讲，人力为制胜的要素，这种要素在抗战初期最为具备，因为那时全国人民真是万众一心，无不以驱除敌人为务。沪战三月，几竭全国之人力物力以御敌，而卒不能不西撤。这其间自有政治上军事上经济上之原因，但在我所体验到的最大原因是军备不如敌人，而军备不如敌人之故，又以国防工业不发达，以致军备及行军上的一切不如人——江湾市政府之屋顶不能架高射炮使我最受刺激——为主要原因，我在那时便深感到农业生产纵富裕，倘若国防工业不发达，决不能与人决胜于战场。太平洋战事发生以后，日本以区区三岛，竟能使英美措手不及连战连败，我在香港与友人分析时事，虽然预料到日本未必长胜，但其锐进之速却不能不令人惊叹。推其原因，日人之所谓神武民族性固然为其锐进之重要原因，但如它数十年不注意国防工业，则亦根本无法到珍珠港和新加坡去。同时我们更谈到，假使那时我国与日本易地而处，珍珠港和新加坡的美英军队竖着白旗等我们去，我们也只有望洋兴叹。于是我对于工业国防化之见解益坚定。三十一年回到上海之后，有一时期，日人盛倡"农业中国，工业日本"互相合作，以繁荣大东亚圈的谬论，所谓南京伪府自汪精卫以下，每以此为广播题目，我听到题目即将电台移转而愤不可遏，以为这种谬论之亡我国家，比坚甲利兵还厉害：因为坚甲利兵之来，我们知之，此种谬论则腐蚀人心而不知，一旦有事，不独军备无办法，即人心亦无法振作。在那时我不独深感农村工业化之必要，同时深恨我从前的识见太差，居然说出"农业立国"的幼稚的话，怕为敌伪利用——我的教育论文曾有一部分被日人翻译过。特在排好的《我和教育》的书稿中加一句未看清世界大势未提倡重工业的话以自警。后来日人在太平洋一天一天地败退，它在国家总力上不能与英美比，我固知之，但空军海军之如此不中用，则未免有点意外。有一次在偷听短波消息中，知道美国有一位小孩子玩无线电，无意中发现所谓黑光，陆军部知道了，即利用之以制造雷达（Radar），在飞机或军舰上使用它自动找寻敌人目标，避免敌机敌舰，且能盲目降落，而日人当时无此种科学利器，遂致不能不连战连败；且飞机军舰即欲逃避亦不可得。于是我感到电学对于国防贡献之大，电气对于制胜疆场之重要。再加上我对于电气的一般常识，知道它对于一般工业之重要，于是在教育见解上形成了国防电气化的一句话。及原子弹落在广岛之第二日（一九四五年七月二十七日），我从广播中知道原子弹的威力及原子能发现与原子弹制造试验的经过。更想到将来一切工业上都有利用原子能的一天，而更要提倡国防原子能化。不过这种想法在中国尚谈不到，姑且留下。而国防电气化，应当为改革中国教育必不可少的目标。

我国人口百分之八十以上为农民，要使国家能存在于世界之上，必须使农民的生活富裕。然而现在农业生产的方法绝不适用，必须改用机器以替代大部分的人力。就改进农业的本身讲，固然要工业化、电气化、国防化。就国家的生存讲，在今日也非工业化、电气化、国防化不可。这是我对于建设中国教育根本原则和生产教育方针的一大修改。此外从前我讲生产教育，只讲生产而不及分配，现在也认为不妥当。在生产方面我以为应尽量发展个体之所长，使之竭其所能于增加物质的与精神的产物，以供给全体人民。在分配方面，最简单的原则，是"均"，即是不许有不劳而获者，也不许有劳而不能得适当的生活者，也不许有生理上精神上不能劳动而不能得正常生活者。简单说，我是主张采用社会主义的分配制的。第三是对于教育哲学的见解，容另叙述。第四是对于教育制度行政的见解。我现在尚无重大的，而且它与政治制度有极密切的关系，我对于政治制度未有深切的研究，提不出具体的办法。故不能有进一步的意见。第五是对于学校制度与教育方法的意见。二十年前，我所提出的三馆制和考试制在目前仍愿保留。不过在那时我采改良主义，主张以三馆和考试制为辅，而以学校为主，现在我则主张以三馆及考试制为主，而以学校为暂时之过渡机关。从前的观点在于迁就农村，现在之观点，则以电气发达，教育上必起一种革命而认为学校终于不能存在。教育方法上除三馆之外，要加上一种电化的工具。在教学科目上除去改造现在的课程以求其适合于现实生活外，特别注重于健康。

健康教育是一个很旧的名词，在中国也流行得很久，我以前在教育文章中也常常提及。但自我三十一年大病之后，始亲切感觉到健康之必需；同时看到一般青年之不健康，与内地征丁有由壮丁而瘦丁，由瘦丁而死丁及学生半数以上为病夫的种种记载（详细情形，我在三十五年二月一日出版之《新中华》中的《国民健康与建设》文中说及，不再复述），更感到教育者对于国民健康的责任重大，而主张在一切教育活动中特别注重于此。事实上我也知道国民之不健康与所谓由壮丁而瘦丁而死丁的种种现象，有政治和经济的种种原因，绝不单是教育所能解决，不过教育方面至少应当负灌输正常健康知识的责任，使大家有重视健康及实行健康方法的公共意识，则国民健康当亦可因而增进一些。

电化教育通常是指无线电广播及电影而言。我国在民国二十一年即有教育电影协会之组织，以后并加广播而为电化教育委员会。故电化教育也是一个旧名词，不过我之主张电化教育，一则我在三十二年以后，个人所得于无线电广播的益处很多，因而联想到利用广播以为教学的工具。三十四年十一月十七日我在之江大学讲演过《以耳代目的速成建国法》，即在利用广播（讲词曾载三十五年元旦上海《大公报》）。一则我业余玩照相三十余年、玩电影二十余年，民国二十六年春并曾为中华书局计划过教育电影制片办法，以"八一三"事起而中止，但欲利用之以为教学工具之念，则始终未忘——在欧美，教育影片已有代替课本之势，关于民众教育利用影片者尤多；此次世界大战，美国利用影片训练新兵之成效较任何直接训练方法为迅速而正确——去年夏以后有机会与乡村接触，更觉得要专用现在教育上传统方法去教育乡下民众，简直是乘骡车赶飞机，只有愈赶愈远，而世界的潮流绝不容我们躺在骡车上安闲自在，我们必得急起直追，而在教育上直追最快的工具是电影与广播。所以我主张用教育电影及广播推行民众教育。

电化教育方法若能彻底推行，则现在的学校可以关门，对于学问之研究只要有图书馆、科学馆、体育馆便行。再辅以考试制，则学生程度之甄别亦有办法。所以我以为电化教育是教育方法中的一种革命。由这革命而引起的问题必多——教育者的教育意识得改变，教育的效能必须为大众的——我在本期《电化教育的实际问题》一文中曾经大体说过。

五十余年的生活决定我对于教育各方面的见解，近来十年的生活体验决定我最近对于教育见解的修正及补充。一年来，虽然不免有彷徨之感，但我以为人是有无限自觉创造性——在拙著《人生哲学》中讲得很详——的，我的生活虽然必须受环境——自然、社会、经济、政治以及机体等等——的影响，我的见解虽然也必须有所改变。但我相信本着我对于人生的见解，将来的教育意见，当会是有进步的。我的彷徨也必将解脱。初意只想简单地略述我近来对于教育的见解的变迁。不料写来已是这么多。但现在所说的恐尚不及我所要说的什一，为着时间与篇幅的限制，不能继续写下去，他日有暇，当再就教。

1947年

│导读│　舒新城没有当小学教师的经历不等于他不可以对小学的教育问题提出质疑。小学是人所接受教育的重要阶段，也是任何教育家都不能忽视的教育阶段，舒新城在本文中坦率地说出了他对小学教育的直感。

小学教育问题杂谈

　　我从没正式作过小学教师，本不敢妄谈小学教育。近数年来，不时有机会与小学教师接触，言论之间，常引起我许多直感，久思发表就正于有道之前，只因他务冗集，未获执笔。今因返梓省亲，往来均须经过益阳，等候船只，独居旅次，颇有余时，因至养性花园——益阳居资水之口，为湘省大县之一；养性花园，该县新开之小游戏场——啜茗，即在其唇楼中抽笔。为此。因非系统的研究，故名杂谈。

一　总　论

　　教育问题本是永久的问题，无论何时，有教育便有问题，并且常有不能解决的问题。我国科举制行千余年，当初固然有问题，后因社会习惯养成之后，一般人对之不生疑问，表面上好像没有问题，实际上还是存留许多种子，所以与欧洲通商以后，环境稍变，问题便逐渐发生，于是有现行之学校制度出来。现在明白的教育者，无论是主持高等教育、中等教育或初等教育的，都觉得有问题，本是一种好现象，而比较起来，尤以初等教育者所感的问题为多——从他方面讲，也可以说中国的初等教育较高等教育、中等教育为优——则初等教育当更特别注意。

而何为有问题？我们可以说，某事物不适应现社会之生活；由此我们也可说，初等教育有许多问题，就是初等教育不适应于现社会之生活。照此推论，高等教育、中等教育的问题较少，是它们适应于社会之生活而较初等教育优良吗？这却不然。初等教育的问题，其数量未见得多于其他各级教育，只因它与社会直接的关系较多，很容易发现其不适应的地方，所以问题较多；倘是高等学校与中等学校，也如小学一样无时无地不与社会直接发生关系，恐怕问题还要更多。由此我们讨论小学教育问题，应当注意二事：

（一）小学教育问题果真多于高等教育、中等教育的问题，并不足以断定小学教育劣于大学、中学教育；或从"感着困难即是改进"的原则上反可以推证小学教育优于大学、中学教育。

（二）问题之产生是由于某事物不能适应社会需要，小学教育问题之内容，亦不过现在小学教育不适应于现社会之需要而已。

兹分组织、课程、教师、教科书诸问题，统括我直感的零碎意见。

二　组织问题

小学教育之有问题是由于小学教育与现社会之需要不相应。一般人以为我国现在教育之不能普及，是由于政府提倡不力，或由于人民富力不足。其实这些都不能算是最重要的原因。据我个人观察所及，重要的原因是教育与社会生活习惯不相合，社会上对现在的教育无适当的信仰。姑举几件事以证吾说。

（一）今年五月到芜湖考察中等教育，当地教育界人士谈及该地平民教育，谓以陶知行的力量，与社会、官厅周旋几天，募集之款项不过千余元，等陶离芜后，已捐之款又无法收齐。而该地狮子山教会所办之圣雅各中学募建筑费，一日之间，集款三万余元，且多为官吏所捐。

（二）七月初至长沙，因水灾，城内居民抬木偶陶公真人、李公真人求晴，不期而集于道上三万余人，三日之间费去三万余元；而长沙城区教育经费奇绌，每次由学务委员会提议征收附加捐，便遭市民反对，无一次成功。

（三）民国初元，吾县知事罗某为留学日本新归之学生，极热心教育，提拨寺产为学校经费者极多，当时固曾大遭乡民反对，命令不能实行，事后反发生许多纠葛。一部分本可存在之学校，因提寺产结怨乡民，反将固有的经费失去而至于关门。

（四）据安徽教育厅统计，全省私塾学生多于全省学生数二分之一以上，校数超过三分之二以上。

（五）数月前《新闻报》载介石君德国通讯，谓柏林生活极为困难，大学生无法生存，但该地开饭馆每日凭大学入学证书供给大学生若干人之饮食；某大饭店并为无限制之供给。

以上数事可以证明我国教育不发达，并不以人民富力与官厅提倡为惟一原因，果谓人民无力负担学费，私塾学生均要纳费，何以如此之踊跃；迎神赛会的糜费，捐助外人的金钱何以一呼而巨款立就。我国人民生活能力本不高，但以生活程度相较，亦不至决无余力供给学费。以现在状况，无论如何，当不至如德国人民生活的艰难，而德国政府不减支教育费，人民能量力为无偿还的供给大学生膳食，中国的资产阶级能做得到吗？教育普及，官厅固当负很大的责任，然而官吏是人民中之分子，是由人民中间抽出去的，无论在类似生活习惯之下，不能责其有特殊的建白，即官吏都能如罗某之热心教育，倘一般人对于教育无信仰，还是少有成效。

由此我们知道，我国教育之发达不尽是经济问题与官厅问题，乃是现在的教育与一般人的生活习惯不合，而不能引起他们的适当的信仰。

现教育何以与社会生活习惯不合，而引起一般人之反感？此则不能不略明历史背景与社会状况。

我国原是以农立国而且是小农制度的国家，平日的生活简单，团体的活动又无必然的需要，所以教育制度比较偏重于个人的；自宋以后，书院制与私塾制成为定型的教育制度，历史上植立了很厚的根基，一时要摇动它们本不容易。而且农业社会的生活习惯简单勤朴，以"家给人足"为理想，平时既无向外活动之欲望，而以交通不便之故，亦难向外为大团体的活动。所以一般乡民最需要的教育，只是解决农村生活上之种种困难——种植、畜牧，以及家常文件——其次则为名所趋，使子弟得入庠序，夸耀乡里已足；至于生活问题则仍如农家故态，不以求学而骤变，亦不以求学为解决生活之工具。此社会上对于教育之态度。其次，从前学校的组织亦极简单，普通一学校一教师，而此教师在校既须综理全校事务，对于其驻在之乡村，又须为各居民——最少学生之父兄——之顾问，乡间有事，教师可代为裁判解决，故教师与社会无隔膜，而且得乡民之信仰。此系教师对于社会实在所负的责任。第三，科举制度取士以考试的结果为凭，不问学习之方式与时间，父兄得自由遣子弟入学——入学无定期，修业亦无一定期限——学生亦得按其个人学习能力努力进行：父兄无定期的负累，子弟有相当基础并可在家理家，于减轻父兄负担外，且可助理家务。此系旧日学习方式与期限上的要点。

以上数点，我们虽不能效复古派的声调，说它们是怎样好，但其为我国旧日教育上的特点，我们不可不注意，却是无疑义的。然而戊戌变政以后的新教育，却不注意于此，且有几分崇拜外人的迷信：不仅制度的大纲要仿照外国的，就是一切办法的节目也要仿照外国的。我国最初的教育制度，几一字不易地完全由日本抄袭过来，现因没有结果，于是略为变易地转抄美国的。至于本国的历史背景、社会状况则一概置之不问。当时一般人所以那样盲从，重大的原因是因为国势不振；鸦片战争而后，无次不见败于外人，庚子之役，受亏尤甚。执政者以为欲内国之强盛，在于坚甲利兵，在于实业发达，而军政、实业的发达又以教育为源泉，于是极力模仿其教育制度、教育方法。科举制度固然废了，义务教育有一定的年限，课程科目照样改抄，学校中的组织设备也一律改变。在极短的期限中，将上述的三种要点一律推翻。从改革的精神讲，诚不能不令人佩服当日执政者之勇猛，但就效用讲，则未免令人怀过于卤莽之感。因为教育的功用，一面在改革现社会之缺点，使之继续进步，一面又要顾到现社会的正当需要，设法满足之，使过渡时间不发生紊乱。我国现行之教育制度与方法，完全是工商业社会生活的产物，而国内的生产制度，仍以小农为本位，社会生产制度未变，即欲绝尘而奔，完全采用工商业社会之教育制度，捍格不入，自系应有的结果。但大学、中学大半设于都市地方，就学者亦多小康之家，学生生活习惯虽不与学校制度相合，因人数较少，又无年长之父兄在旁监察，比较容易同化；而且大学毕业生之最大部分，中学毕业生之一部分多有机会在都市服务，少与小农制度的社会发生关系，学校组织上的捍格，也不大显。至于小学设立的地点完全以乡村为本位，以交通不便之故，父老的生活习惯，仍与数十年乃至百余年以前的相似，一旦骤改现行的学校制度，无怪大家惊怪，不愿遣子弟入学校，而转约故旧设私塾延旧学究教其子弟认字。一般教育者常责乡民顽固，并常利用官力强迫取缔私塾，这种利用威力的办法，在某种情形之下，诚不能说没有效力，但要以此为惟一推行新教育的方法，却大错特错。我们果欲推广小学教育，使人民对于现在的教育有适当的信仰：第一要明白国情，第二要设法适应现社会的需要。具体办法不能尽述，姑言其概略。

我国小学教育之不发达，不为人信仰，前面已经说过，就是以小农制度的国家，骤采工商业国家的教育制度。在原则上，我们固然要注意此点，在实际上更不可不注意此点。因为乡民识见短浅，生计困难，事无好坏，只问效用如何。若果于生计上直接有裨益，坏事亦可照行；否则，即以威力强迫之亦无效。我国从历史上遗传下来的教育风尚，既有上述之三特点，而人民实际上所需要者，关于文字方面为文契、便条、借约之类，关于技能方面为珠算、种植之类，今不问历史背景、社会状况，而强他们把数千年遗传下来的生活习惯弃而不用，无怪乎他们望而生畏。这是就我国社会上的普通现象讲。还有当注意的：我国地大物博，交通又极不便，人民的生活习惯，不仅有南北东西之分，即一省之中亦有许多不同的地方。我们要变更小学校的教育宗旨、小学校的行政组织，于了解全国生活的普遍习惯以外，并当研究各地方的特殊情形。即以假期一项讲，我国无宗教，本无所谓星期，而教育部规定一切学校均须有星期，此事在都会虽不足奇，在乡村则莫名其妙。此种无关重要的模仿，究有何种意义——浙江四中与春晖中学现已废星期——何尝不可改革。其次，暑假寒假，在中国历史上既无根据，乡村更不需要。因为农村的生活，冬夏本是闲时，乡村又未见得都属严寒酷热，何必虚耗时间。而当夏秋农忙以及安化夏季采茶，家庭极需儿童助理的时候，却又无人做事。此外如现在江浙师范附属小学之组织及行政，与坊间小学行政及组织的书籍所讲的，不仅与内地乡村小学风马牛不相及，而且是引起乡间人民对于学校反抗的重要要素。这样不问国情的讲教育，无怪乎愈讲愈不发达，愈讲愈与社会不发生关系，愈讲愈遭人民反对！

我国小学的组织到底要怎样？我因对于小学无实在的经验，自不能有具体的答复；且因幅员过广，地大物博，亦不能有一种包罗万象、百发百中的办法。不过我们应当注意的，都市的小学组织，决不能施之于乡间小学。换句话说，都市人民的生活，带几分工商业性质，还可模仿欧美小学办法的一部分；内地乡间完全为小农制度的生活，决不可仿照外国的办法；与其装门面的教务、训育、事务分股组织，毋宁按照地方情形混合办理；与其遵照部章的放寒假、暑假，不如放麦假、禾假、蚕假、茶假、棉假；与其照章强学生缴纳同等的学费，不如按学生家庭的贫富状况，自由纳费；与其无原无故地每周放假，不如按乡间的习俗放特别假。总之，我国交通不便，内地乡村仍完全是小农制度的生活，我们要小学教育在地方上发生影响，以至于求得地方人的信仰而推广教育，均当特别注意小农制度的生活制度，万不可盲目地专门模仿工商业制度的办法。

三 课程问题

讲到课程问题，更为复杂了。从前课程的不适用，现在不必追问，只就此次新学制的课程纲要略一讨论。

新学制课程标准纲要上说："小学校课程分为国语、算术、卫生、公民、历史、地理（前四年，卫生、公民、历史、地理合并为社会科）、自然园艺、工用艺术、形象艺术、音乐、体育等十一目。"又说："乡村小学各科目有不能独设时，得酌量合并，依教授之方便，从简略以利推行。但国语、算术之授课分数不得再减。"照这两段话看来，小学课程虽有许多门类，但均有伸缩余地，决不如旧制之呆板规定，已算进步不小；然过细研究起来，却有几个问题不能得完满的解决。

（一）我们前面曾经再三说过，中国人民的生活习惯，实以小农制度为本位，除了几处极特别的都市以外，无不是"胼手胝足，日出而作，日入而息"。儿童虽然未曾正式受过农业教育，但以耳濡目染之故，对于农作总多少有点知识，并多少有点兴味。然而交通不便，乡间与都市的往来极少，保守性亦极重，现在农作之方法与数十年前者无以异，出产物之数量亦与数十年前者相同，而乡民之迷信，则以传统的思想与时局的扰乱混合构因，反日深一日。我们一时既不能将农村生活完全改为工商业生活——且以地域、气候、土宜的种种关系，亦不可将固有之农作地力弃置不用，而改仿工商业制度的生活——则改良农业，在中国实是一个极重要的问题。而改良农业入手的地方，又当以小学教育为最适宜。因为：1. 小学校的位置最大多数在乡间，有土地物产可为研究、实习的资料；2. 小学生之最大多数为农人之子弟，对于农家生活有相当的习惯。若从此入手，一方面易引起乡村父兄之信仰，一方面易得实习的机会，比较空言改革者易于收效。然而这次的课程纲要竟不注意及此；虽有自然园艺的科目，但照课程纲要所载的，只是一些自然常识，实际上与农业无丝毫关系。这是我们不可不注意的第一个问题。（我国农业需改良的地方极多，有些地方并不要费多少精力与金钱，只要略为运用科学上的常识就行了。例如南方稻田引水普通有三种方法：湘鄂多用人力车水，费力多而结果小；江浙多用牛车水，较用人力已经济；湘赣之山地则利用流水冲车——俗名"同车"——卷水，较用牛力又经济。研米一项，也有用人冲、牛转、水磨之别。利用流水冲车，尚有择地问题，用水研米与用牛车水，则随地可以办到，倘能利用新法，制造抽水机打水，更为事半功倍。现在却无人在小学教育中传播提倡。此外种植方法，种植种子等之当改良者更不一而足。果使小学课程注意及此，按照各地方情形，随时传播科学常识的农作方法，收效很易。深望主持小学教育者注意及此。）

（二）新学制小学八科（卫生、公民、历史、地理并为社会科）之中，工用艺术与形象艺术却占去了两科；我当时并记得为这两个名词，引起了两位有名的教育家在报纸上作了十几万字的辩论文章。在他们辩论得津津有味，自然有不得不说明的重要理由。可是要知道这些名词固然与乡村小学校毫不相干，就是这两科课程纲要上所讲的内容，也与乡村小学生不相干。第一是乡间的人民，在生活上不甚需要这些东西，第二是学生制备不起器具。何以见得乡间人民生活上不甚需要这些东西？因为他们生活于小农制度之下，只要到四五岁能独立行走，就要帮同父母做可以做的工作——即以吾乡论，女子到六岁即学纺纱、做鞋、烧饭；男子到五岁即帮同父兄于夏季看水（即守稻田之水），秋季守禾（稻将获时，防人偷窃，以儿童守之），平时放牛——所谓衣食住工作之一部分为儿童力所能为者，早已由"耳濡目染"习得了，用不着列为必修的课程，用常识的方法去教育。至于形象艺术科种种制作，在理论上诚然重要，但实际因为物质生活上的压迫——乡村的状况将于《返淑杂记》中见之——却谈不到美的欣赏，更谈不到美的制作。况且艺术的作品，总有几分消耗的；制作的材料无论矣，就是工用、形象的器具，也不是一般农民所能负担。在交通地方或者教育理论研究有素的朋友听得这话，将疑为故甚其词，实则内地乡村的生活还有苦于此者。我县——湖南溆浦——当民国十年时，饿死五万余人，驻县军队犹强索十余万。这还可以说是偶然的事情。我同几位朋友费尽许多力量，筹得一笔公款，在乡村办一小学，学生完全无费。以二千余人之乡村，每年学生不过三十余人，学龄儿童不就学者二百余人，询其原因，则谓送子弟入学校，家中无人"看牛"。不取学费，儿童尚无时间读书，还说制备工用艺术与形象艺术的器具？新学制课程标准委员会虽曾说"各科目有不能独设时，得酌量合并，依教授之便利，从简略以利推行"，但究不是减免。在原理上我极推重艺术教育，但据我年来对于乡村小学的直接经验所及，却不能不使我怀疑于二科的普遍存在性上面了。这或者也是小学中一个可商榷的问题。

（三）算术一科为日常生活中所必不可少的知识，委员会特别注重，把它与国语同样看待，自然无可訾议。可是我国社会上所常用的算数工具是珠算而不是笔算。珠算是我国历史上遗传下来的东西，乡人之最大多数固然知道其用法，而在日常生活上亦比较笔算便利。为便利计，为适应社会需要计，似均不可不特别注意于此。算术课程纲要虽未说明不用珠算，但据其内容所示，却是笔算的而非珠算的。此系小学课程中之又一问题。

（四）我国地大物博，本不能制定一种普遍的课程标准通行全国，而小学以区域过小之故，更不宜如此。此次新学制规定十一种科目，虽说有"乡村小学各科目有不能独设时，得酌量合并……"的"但书"，然而究无斟酌地方情形添设商业、蚕业、茶业等等的规定，在实际上都市地方之对于商业，湖南安化等县之对于茶业，江浙一部分地方之对于蚕业，其需要正与国语、算术科相等。不知当时何以不计及此。

总之，我国因地域过大，风尚特异，决不能制定一种通行全国的小学课程，而乡间以交通不便，人民守旧之故，更难骤然仿行都市上的课程——即能仿行亦不宜仿行——为适应社会需要计，最多只能规定全国人民所必不可不知道的国民常识，其余与生活直接有关系之知识技能，只好让各县教育者自行斟酌办理——如安化添茶业，萍乡添采煤之类——而农业与珠算除极特殊的情形外应当规定为一切小学校的主要科目。国语一科尤应注意于日用文字；若在乡间，小学生读书三四年，宁可少学写信，却万不可不知道写文契、写借约、写便条等事；以他们生长乡村少机会与人通信，而文契、借约等事则系日用之物。至于社会科之取材更不可不切近日常生活，如在乡村即合并于国语科内亦无不可。音乐可以用旧乐器谱乡曲，固不必定学风琴调；体育最好以工作替代，立正、稍息等之动作，对于"日出而作，日入而息"之乡间儿童，固无何种价值也。

四　教师问题

年来与各省小学教师接触，觉得有几个很重要的问题而为都市教育家所不注意者：（一）教师资格问题；（二）教师生活问题；（三）教师知识问题。

（一）教师资格问题

这问题又有几方面：甲、师范生服务问题；乙、旧人物盘踞问题。从原则上，师范生以做小学教师为本位；但实际上因为：1. 升学时无确定目的，有许多于毕业后不愿服务；2. 师范教育不良，有许多毕业后不能服务；3. 地方上对于新教育无相当的信仰，有许多能服务者而无地方可容其服务。我国政治不上轨道，一切事业均无秩序。除江苏、山西、奉天等数省外，公立学校之校长少有能继续任职三年以上——湖南、四川等省竟有一学期中撤换校长数次者——姑无论师范学校校长不知教育，即深明教育者，亦以时间关系，不能有系统计划，使师范教育与地方教育发生关系。因而师范学校对于学生亦只知招收进校，而不问其出路如何，遂致一面师范生闲着无事可作，一面乡村的旧人物滥竽充数，更一面因无适当的教员而不开办学校。这些现象在内地乡村随时可以发现；即以吾县而论，全县师范毕业生不过一百余人，而全县除乡立小学外，县立、区立小学共需教师二百二十余人，从数量上看来，师范生已有供不应求之势，但实际上则师范生之能服务而闲居者有数十人，而且新毕业之师范生欲插入县教育界很不容易。后经过细调查，始知有两种原因：1. 中学生无适当的出路，席父兄之余势——入中学者家庭状况较好，在地方上势力亦较大——以教师为归宿之所。2. 旧日老前辈因交通不便、民智不进之故，得保持其数十年前在乡间之信仰，仍能挽入学校。我们现在固然希望政治入轨道，使教师成为一种专门职业，一面不受非教育者之侵略，一面继续发展教育；然而这种希望终于是一种希望而已。我们自己可能努力而收实效的在于自求振作，竭力充实师范生的能力，引起社会的信仰，使学校教育日与社会生活接近，在社会上果然有了根基，也就不怕非师范生盘踞教育界，妄操教育权了！（引起社会信仰的实例可参看《申报·教育与人生》第四十二期陶知行的《半周岁的燕子矶国民学校》。）

（二）教师生活问题

教师的生活本来清苦，而我国小学教师尤甚。据安徽教育厅的统计，各县国民学校教师平均薪俸之最高额为年金一百五十元——芜湖，怀宁——最低额为年金二十五元——英山——高小教员平均薪俸最高额为年金三百元——来安——最低额为年金七十元——英山——即以我县而论，县立高小教师月薪十四元，区立者十二元；国民学校县立者月十二元，区立者十元；乡间者则年俸四五十元，更有七十千包办一年者——溆浦每元合铜元二千四百文上下，七十千不及三十元，伙食并在内——近因军事影响，更有欠至三四月不发薪者。以如此薪俸，欲维持小学教师生活而使之安心从事于教育，事实上何能办到？因待遇过薄之故，同时发生三种不易解决的连带问题：1. 能力稍优者不愿为此，即偶为教师亦只视为过渡的事业，一旦遇有他事，即弃而他去——吾县小学教师改为讼师与投军者甚多。2. 乡间父老不愿遣子弟出外就学。内地中学师范均设立于从前之府治，学生负笈异地，即师范学校每年亦须百元上下，而教师之收入只如此，乡人见短，何肯以重本逐轻利。3. 每年薪俸数十元，在师范生看来，待遇固极菲薄，不能安于其事，而在乡间之顽旧者如秀才、监生之类视之，却于他们的生活大有补助，趋之惟恐不力；加以乡人平昔对于新教育无相当的信仰，又有经济的势力在背后支配着，更落得延请塾师。于是旧人物更增一番盘踞的势力。

"社会对于小学教师待遇太薄"的呼声，我们也常常听着，但究竟要怎样解决？却是一个极难的问题。靠政府吗？它自顾还不暇！靠社会吗？因无特殊信仰之故，也是麻木不仁！我以为教育是教育者自己的事；若果有人将经费筹妥，只要我们去教书办事，自然是很方便；可是太方便了，还显不出教育者的力量。现在的中国诚然是民穷财尽，筹款匪易，然而我决不信中国社会上连办学校的钱都没有。我们只要看看各地青年会、各地的教会学校、各地的同善社、各地的迎神赛会、各地的军事捐款、各地方不出名义的杂款，哪里不是钱，哪里不是一筹几百、几千、几万、几十万，以至于几百万。军事捐款等等固然有几分威逼的性质，人民为势力所迫，不得不出，而迎神赛会、同善社的经费，则是由人民乐输——七月在湘长沙因求晴送李公真人，三日之间费三万余元；五、六、七月遍游皖。浙、苏、湘各地，无处不见有同善社——何以办学校偏无钱。亦曰现行之新教育与社会生活不发生关系，不能引起一般人的信仰而已。倘使我们做教师的都能像燕子矶国民学校那校长和教员的办法，包管有钱办学校。我并且还有一种很旧的建议，就是乡间小学教师宜竭力注重农业上的副产物，一面提倡改革农作物，一面实地经营以为个人生活上的辅助。果使我们做教师的对于自己生活有相当的准备，更能注意社会需要，设法适应、改良，恐怕迎神赛会与同善社的经费，可以移用于教育之上，教师也不愁没有生活的余地了！小学教师曷不起而图之！

（三）教师知识问题

讲到小学教师的知识，真有许多骇人听闻的地方。去年在某省讲演道尔顿制，中有"历史背景"四字，听者许多不解其意，讲后屡来询问；今年在某省讲演，为"经济，不经济"几字，解释大半个时辰，听者还不明白。在当时很为诧异，以为这些普通名词尚不了解，将何以为人师。后来过细调查，才知道这是极平常的现象，实不足奇；及此次回溆省亲，深入内地与各小学教师接谈，更知此为事理之必然，万不足怪。溆浦在湖南西路之中部，交通虽不便，但就教育现状讲，在湖南尚属中等地位，而小学教师之常识极其缺乏；江浙最流行之教学方法如道尔顿制、设计教学等等，他们最大部分还未闻其名目，即间有知其名目者，亦大半据道听途说之传闻而无彻底的了解。然此犹可说是教学方法之改革，不详知亦无关宏旨。至于通行全国以及正在仿行之新学制，似乎应当明白了，但他们首先辨别不清的就是形象艺术与工用艺术，因新学制课程纲要委员会所印行之《新学制课程标准纲要》一千本，竟分配不到僻居山林之溆浦，而长沙教育司通令改新学制却又是寥寥数语的官样文章，他们弄不清这些名词又何足怪！或者有人要说："名词既弄不清，何必定要改行。"可是"层峰"的命令不可抗，不改又将如何。此外与此相类的现象，我们亦不必列举。我于接谈之余，曾过细研究其原因，所得的答案只是交通不便四字而已。由此四字发生三种现象：1. 生活程度甚低，教员收入只敷维持物质生活之用，无余力购备书籍；2. 间有经济充裕力能购备书籍，因购买不便，久之成了习惯，便也不购买了；3. 以交通不便之故，外间的学术思潮不易输入，一般人不求进步，旧知识反足以维持地位，于是即有书报也无人阅读。吾县县立小学月薪十四元，在上海一带看来，不及一人力车夫之净入，但在内地，十四元却可维持四五口之家的生活而有余。小学教师有此待遇，在地方上人士看来亦不为薄。不过现在国内的出版物以上海为中心，价格亦以上海生活程度为本位。以超过十倍价值——上海每月费百四十元尚不能过吾县十四元之舒服生活——的出品，要生活程度低十倍的人购买，自然力不能胜。这是他们知识不进步的一个原因。但问生活程度何以这样低？就是闭关自守，不受外界影响——即交通不便——所致。小学教师的收入虽无余力购备新书籍，但一县一市一镇一乡之中决不是全无人有力购备书籍，也不能说学校绝无力量购备，而内地新出书籍极少者，因交通不便，各大书店无代售处——我县小学教科书须每年派人至长沙购办，购办不及，便持一二样本在黑板上书写，令学生照录——每年每月所出之新书无从知悉；即或偶从报纸知道有某种书籍，以汇兑不通，除托人在长沙代购外，决无办法。经如许手续，有如此困难，除非对于学问有特殊兴味者，有几人能久耐此苦。故初由外面归溆的学生，亦常设法在外面购置书籍，及至经过二三年后，无适当的环境继续刺激，便又置之不问，甘与旧人物为伍了。这是关于书籍购置的问题。吾县幅员方三百余里，人口三十余万，而全县只有沪报九份，长沙报十七份，《教育杂志》只五六份，在数量上已经微乎小矣。而劝学所所购之报纸杂志，竟少有人阅看；若谓无人，则日夕往来于该所者数十人，皆教育界分子。若谓无时间，则闲谈可以竟日。推原其故，则以环境无此需要，时常阅读书报杂志无形中得些新知识，言谈不慎，反受旧人物訾议。久之，亦与之俱化了。所以现在小学通行之测验，他们从未闻知，小学校毕业之学生至长沙考中等学校，竟少有被录取者。新教学固然茫无所知，即教科书亦有用十年前者——问某教师以临城土匪案，与日本地震事均不知——此虽吾县的局部情势，不足概全体，但内地与此相类者不在少数。以这样的教师去办教育，姑无论教育不能发达，即普及矣，也系"不知汉唐，遑论魏晋"的古董教育，与现社会实无重大的关系。此为教育上的重大问题，为我们所不可不注意者。

小学教师的知识怎样才能提高，自然有许多方法，如优待教员，教师自己组织研究会，教育机关组织讲习会等等，都是可行的良法。可是勉强的制驭，终难敌环境的势力。在我个人的私意，要增进小学教师，第一要设法利交通——庚子赔款真正用来筑路，我是赞成的——利用物质的环境刺激他们，使他们与世界交通，为时代思潮所激荡，不能不求知识，不能不随时代精神走！

五　教科书问题

现在实施新教学法如道尔顿制、设计教学之类的教师，都主张打破教科书；无论从理论上与事实上看来，现在流行的教科书实不合用，但亦无法解决此问题。兹分别说明之。

我国地域极广，南北东西的气候不同，物产不同，风俗亦不同。而小学校教科书的内容第一个要件是与儿童的生活有直接关系，因此，不可不多从儿童生活的环境中取材。我国小学教科书均由书店代编，以一隅的教材通行全国，自不能适合各地方的需要。再就实际上看，现在小学教科书之编辑者最大多数为江浙人；这些执笔者对于小学教育虽然有精深的研究、长期的经验，但以环境关系，对于内地的人情风俗尚不了解，编成的教科书，最多亦只能适用于江浙两省——商务、中华之《新制小学公民教科书》有叶澄衷、杨斯盛两人，此两人之事业（叶创澄衷中学，杨创浦东中学），诚足令人矜式，作上海小学的教材也诚足引起学生的景仰，但在内地因非小学生直接经验所及，便要减少许多效力；倘以县为本位，而各就其本县的模范人物编为教材，其影响又当如何。此外东三省无橘，湖南无蜇干，而自然科教科书均列此物。

现行的小学教科书既不能适用于各地，各地不用已成的教科书，自己编辑如何？但事实上又决办不到。第一，教师能力问题。如前段所举的种种事例，还可以望他们自编教科书吗？第二，印刷问题。各地方印刷不发达，既无活字版，又无石印——内地普通所用者仍系木字刻版，费工多，费时长，决不能随时排印书籍——即有材料亦无办法。第三，经济问题。若果以县为单位，每种教科书只能销行二三千册，有材料，能印刷，也不能支持；若以省为单位，虽比较要适用一点，但政局不定，公家无暇及此，私人无力及此。第四，教育行政问题。我国教科书原系划一制，近数年来，教育部以自身种种问题，对于地方教育虽未严加干涉，但教科书的审定权仍操之于教育部；倘各省不由公家提倡，即有良好教科书亦不易推行，结果终将为上海之大书店推翻——民国元、二年，湖南教育界曾集资十余万，组织宏文书局，编印教科书，不三年即倒闭——凡此种种，均是教科书中不能解决之问题。

小学教科书既不能适用各地，各地又无能力自编适当之教科书，若各地小学教师以上海书店的教科书为本，随时斟酌情形，删去些不适用的，增加些适用的，也未尝不是一种补救的方法。但因审定教科书有了二十余年的历史，一般奉行部章之教育行政人员，常以是否用审定的教科书为评定教育成绩的一种条件；社会上人士亦有类似的信仰——我初入吴淞中学任事，学生受愚罢课，以不遵部章、不用审定教科书为罪状之一，审定教科书之势力可知——教师处此环境之下，非有特殊学力、特殊见解者，亦不敢自行编辑。于是乡间小学教师常把教科书看作"天经地义"，不仅不敢"擅自编辑"，教授时字句亦不敢轻易更动。此问题与政治、经济、交通各方面都有很密切的关系，实非一日所能解决。我提出此问题，不过使安居都市的教育家知道教科书是一个极复杂而不易解决的问题，随时设法采集补充教材，以期逐渐适合各地方需要之大部分罢了！

以上种种，不过是近年来与各地小学教师接触时所引起的直感，率直写出，以期引起小学教育家之注意，逐渐以谋解决之道。

1924年

导读 本文是一篇资料、考证性文章，介绍了中国最早留学欧洲的详细情况。

欧洲留学之始

欧洲留学以沈葆桢于光绪元年派遣福建船厂学生，随法人日意格去法为最早，李鸿章于光绪二年派天津武弁卞长胜等七人随德人李励协去德次之。同治六年，闽督左宗棠奏设船厂于福建，保沈葆桢为船政总理，前后五年造成轮船三艘，兵轮二十艘，分布各海口，并创立拉铁、打铁、铸铁、轮机、水缸诸厂，聘法人日意格为监督，同治十二年来，即筹备派遣闽厂学生去英法两国学习，适台湾事起，中途停止。光绪元年日意格返国，沈乃遣学生数人同赴法国学习船政。当同治十三年（1874），因定购新式后膛枪炮，并托德国克鹿卜炮厂代雇德国都司李励协为教习，以三年为期；光绪二年三月期满返国，李鸿章遣卞长胜、朱耀彩等七人同赴德国学习陆军，以三年为期。此为中国学生去法德两国之始，但均为大员所遣，非政府正式派送，故学生监督，学习科目均无一定规章，光绪二年十二月李鸿章等奏准派遣福建船厂学生及艺徒三十名，去英法两国学习海军与制造，并派监督两人管理其事，管理经费等事均有详细章程，兹录如下：

1. 奏派华洋监督各一员不分正副，会办出洋肆业事务。俟挈带生徒到英法两国时，由监督公同察看大学堂、大官厂应行学习之处，会同安插，订请精明教习指授。如应调赴别厂或更换教习，仍须会商办理。其督课约束等事亦责成两监督不分畛域。如遇两监督分驻英法之时，则应分投照顾。其华员及生徒经费归华监督支发，洋员洋教习及华文案经费，归洋监督支发。每年底由两监督将支发各数会衔造报。凡调度督率，每事必会同认真探讨，和衷商榷，期于有成。万一意见不合，许即据实呈明通商大臣、船政大臣察夺。

2. 选派制造学生十四名、制造艺徒四名，交两监督带赴法国学习制造。此项学生即宜另延学堂教习课读，以培根柢，又宜赴厂习艺，以明理法，俾可兼程并进，得收速效，以备总监工之选。其艺徒学成后，可备分厂监工之选。凡所习之艺，均须极新极巧，倘仍习老样，则惟两监督是问。如有他厂新式机器及炮台、兵船、营垒、矿厂、应行考订之处，由两监督随时酌带生徒量给。其第一年除酌带量给外，其余生徒，可以无须游历，第二第三两年，约以每年游历六十日为率，均不必尽数同行，亦不必拘定时日。

3. 选派驾驶学生十二名，交两监督带赴英国学习驾驶兵船。此项学生应赴水师学堂先习英书，并另延教习，指授枪炮、水雷等法，俟由两监督陆续送格林回次、抱士穆德大学院肄习其间，并可带赴各厂及炮台兵船矿厂游历，约共一年，再上大铁甲船学习水师各法，约二年，定可有成。但上兵船额可援日本派送肄业之例陆续拔尤，分班派送五六人，其未到班者，仍留大学堂学习。既上兵船，须照中国水师规制，除由留辫发外，可暂改英兵官装束。其费由华监督归经费项下支给。内有刘步蟾林泰曾二名，前经出洋学习，此次赴英，即可送入大兵船肄业。

4. 制造生徒赴法国官学、官厂学习，驾驶学生赴英国格林回次、抱士穆德学堂并铁甲大兵船学习，应请总理衙门先行分别照会驻京之英法公使，咨会本国外务院，准照办理。其英国学习各事，或再由中国驻英钦差大臣，就近咨商办理。两项学生每三个月由华洋监督会同甄别一次，或公请专门洋师甄别。并由华监督酌量调考华文论说。其学生于闲暇时，宜兼习史鉴等有用之书，以期明体达用。所有考册，由两监督汇送船政大臣，转咨通商大臣备核。其驻洋之期以抵英法都城日起，计满三年为限。未及三年之前四个月，由两监督考验学成者送回供差；其中若有数人将成未成，须续学一年或半年者，届时会同禀候裁夺。总以制造者能放手造作新式船机及全船应需之物，驾驶者能营驾铁甲兵船，回华调度布阵，并有专门洋师考取给予确据者，方为成效。如一切办无成效，将监督议处。

5. 制造驾驶两项学生之内，或此外另有学生愿学矿务化学及交涉公法等事者，由监督会商挑选。就其才质所近，分别安插学习，支给教习修金。仍由两监督随时抽查功课，令将逐日所习详记送核，亦以三年为期。学成后公订专门洋师考验确实，给有底据，送回供差。

6. 两监督及各项生徒自出洋以迄回华，凡一切肄习功课游历见闻，以及日用晋接之事，均须详注日记，或用药水印出副本，或设循环簿，递次互换，总以每半年汇送船政大臣，查核，将簿中所记，由船政抄咨南北洋大臣覆核。或别国有便益新样之船身轮机及一切军火水陆机器，由监督随时探明，觅取图说，分别绘译。务令在洋生徒，考究精确，实能仿效。一面将图说汇送船政衙门察核，所需各费，作正开销。

7. 各项生徒如遇所订教习不能认真指教，或别有不便之处，应随时诉明华监督会同洋监督察看确实，妥为安置。若该生徒无故荒废，不求进益，有名无实，及有他项嗜好者，均由两监督会商分别留遣严究，其员生每月家信二次，信资以及医药等费，作正开销。或延洋医，或延驻洋公使之官医，或应另请派拨医生，均于到洋后酌定。万一因攻苦积劳，致有不测之事，则运回等费，作正开销，并给薪费一年半；仍酌量情节，禀请附奏，以示优恤。如有闻讣丁忧者，学生在洋守制二十七日，另加恤赏，饬该家属具领。

8. 此次选派生徒，应由监督溯查考迹，详加验看。如有不应出洋，滥收带往，不能在官学官厂造就，以致别回者，其回费由监督自给。生徒赴洋后有藉词挟制情事，因而别回者，即将挟制实在情形，禀请抵华后查明惩究。如咎不在监督者，仍开报回费。实系因病遣回者，不在此例。

9. 两监督和衷会办，当互相觉察。万一华监督有敷衍塞责等情弊，而洋监督不行举发，或洋监督有敷衍塞责等情弊，而华监督不行举发者，咎各相等。查有扶同确据，即分别照会咨行，随时撤换，不必俟三年期满。如果事事实际，生徒多优异者，将两监督专折奏请奖叙。

10. 此次所议章程，总以三年学有成效为限。若三年后或从此停止，或另开局面，均由船政大臣、通商大臣会商主裁，外人不得干预。

第一批学生于光绪三年二月出国。其时以法人日意格为洋监督，道员李凤苞为华监督，并随员马建忠、文案陈季同、翻译罗丰禄等率同学生于三月到欧，在英法延请教师补习四个月，然后入学校。其在英法分入各校学习之情形，李鸿章言之甚详。他说：

> 溯查出洋生徒在船时各限功课，不令闲旷。既抵英法，专延洋师补教以充根柢；一面偕同洋监督面商英法部臣，将在英之驾驶生先派三名登铁甲船，九生入格令尼次官学，续将官学八生调入铁甲船学习，历赴地中海、大西洋、美利坚、阿非利加、印度洋等处学习操防排布迎御之法。迨离船后，又专延教习补授电气、枪炮、水雷各法，具有船主凭单给执，并照章酌量游历上厂以广见识。是驾驶诸生在船学习不止原定章程分班五六人上铁甲船已也。其在法之制造生先送四生入削浦官学，五生入多廊官厂，其余派入汕答佃官矿学及科鲁苏民厂，分习开采、烹炼、镕铸等事。旋经商明部臣将汕答等处五生入巴黎官矿学其制造。艺徒初派民厂，补习工艺，续经分送赛隆及向海士登官艺学，该生徒等各照官学所定章程，专门洋师，按年甄别，给执官凭，并酌量游历英法比德各国新式机器船械各厂，以资考订。凡有传习各生徒。俱已竟功。

　　此次学生之成绩优异者有习制造之魏瀚、陈兆翱、郑清廉、林怡游，习开采镕炼之罗臻禄、林庆升，习驾驶之刘步蟾、林泰曾、蒋超吴、方伯谦、萨镇冰诸人。光绪七年并由李等奏请续派船厂学生十名去英法学习，以后即停止。直至光绪十六年四月由总理衙门奏准出使英、俄、法、德、美五国大臣每届酌带学生二名，共计十名，均以三年为期；光绪二十一年再奏准派学生分赴俄、英、法、德各四名，共计十六名，惟所派学生均以襄赞使署公牍为务，无暇求学，实不能谓为留学生，不过闽厂学生回国，西洋留学以此使署学生相续耳，此二十年间可算为西洋留学之初期。

‖导读‖ 中国人在法国的勤工俭学有着光辉的历史，很多我党和国家的领导人都曾赴法国勤工俭学。舒新城在这篇文章中，对留法勤工俭学的历史做一梳理，令读者对其背景有所了解。

勤工俭学与留法

勤工俭学在民国八九年间始盛为国人注意，但其起源则在民国元年。与勤工俭学最有关系的组织有三：即留法俭学会、勤工俭学会与华法教育会。此三机关又以留法俭学会为根本之根本，兹先述之。

俭学会之历史 民国元年，吴稚晖、汪精卫、李石曾、张浦泉、张静江、褚民谊、齐竺山诸君发起留法俭学会，并设预备学校于北京。齐如山、吴山诸君担任校中之组织，法文学家铎尔孟君担任教授。其时蔡子民君为教育总长，力为提倡，并由部中假以校舍，在方家胡同旧师范学校。无何朱芾煌、吴玉章、沈兴白、黄复生、赵铁桥、刘天佐、诸君发起四川俭学会，设预备学校于少城济川公学。吴稚晖、俞仲还、陈仲英、张静江诸君发起上海智英俭学会，并附留法俭学会招待所。民国二年，李石曾君与法校梅明君组织留法预备班，至今犹存。当二次革命时，俭学会颇为专制政府所嫉视，北京预备学校舍为教育部收回，遂移之于皮库营四川学馆，政府仍多方巡察，以致全体解散。民国六年，华林君自法归，抱扩充俭学会之志愿，适值马景融君创设民国大学于京都，遂由华马二君与蔡公时、夏雷、白玉璘、江季子、时明荐、刘鼎生、罗伟章诸君重组北京留法俭学会预备学校。

俭学会之性质 俭学会乃一自由传达之机关，而非章程严密之组织，于义务能者为之，无会长等名目。经济由同志筹集，入会者无纳费之必须。凡欲自费留学每年至少筹五六百元者，皆得为本会之同志。会之对于会员既不助资，亦不索偿，惟以言论或通信指导旅行，介绍学校之义务而已。其缘起如下：

改良社会，首重教育，欲输世界文明于国内，必以留学泰西为要图。惟西国学费素称浩大，其事至难普及，曾经同志筹思，拟兴苦学之风，广辟留欧学界。今共和初立，欲造成新社会，新国民，更非留学莫济，而尤以民气先进之国为最宜。兹由同志组织留法俭学会以兴尚俭乐学之风，而助其事之实行也。又如女学之进化，家庭之改良，与社会关系尤切，而尤非留学莫济，故同时组织女子俭学会与居家俭学会。

俭学会成立之后，因李石曾、吴稚晖等之竭力提倡，自民国元年至二年一年之间入会入校而赴法者不下八十余人，其他抱俭学宗旨或留学或家居自由汇集者亦四十余人。民国三年，蔡元培、汪精卫、李石曾等以工人中之有求学者，因转移其方法，以学生作工，工余之暇，工资所得即以求学，至民国四年六月组织《勤工俭学会》，以勤于作工，俭以求学为目的。后以欧战中止进行。民国五年欧战正剧，法之壮丁须赴前敌应战，国内无人工作，而中国尔时为中立国，法政府特向中国招致华工，李石曾与之订立条件代为招募。欧战终了，法国人口锐减，国内工厂欲恢复原状，工人不敷分配，华工勤劳，又为法人信赖，故稍有工作能力者均可在法谋生，李等更倡工作一年读书两年之说，一面在国内设立预备学校，一面与法人共同组织华法教育会谋学生出国与谋工之便利；加以华林于民国六年回国，极力鼓吹各县筹县费遣派学生，故留法勤工俭学几为举国公认之惟一要图，自总统至学者莫不竭力提倡，即法人亦特别欢迎。民国八年底去法者已百五十余人，在途者六十余人。到法入工厂者占三分之二，民国九年上年勤工生在法者已千余人，斯年八月三日并成立留法《勤工俭学学生会》，分工作、书报、讲演、消息、会务五部办事。当时法国需工人甚多，学生之有工作能力者，大概有事可作，工资亦可于维持生活外稍能储蓄以备读书之用，此事沈宜甲报告学生入厂工作情形中证之。他说：

法国当大战之后，死伤三百万，其人荒之象，自不必言。故西班牙人在法者有三百万，而其中三之一，即为工作者。我中国来几千、万数学生，不过如牛之一毛，何忧其无位置。然所愁者，即在学生既无体力，又无技艺，故虽此间位置极多，工厂向会中要人，而反无人能去。此固自取之道，非人之不肯用也。……此间同学，来者共有四百人之谱，前后不下十余次，以湖南为最多，四川直隶等次之。……到法后，有入学者；有入学数日，补习法文，而又转入工厂者；有直接入厂者，其所入之厂，分布全法，为数数十，不能详知。然大都分为造船、机械、胶皮、矿冶、家具、汽车、发动机、电动机等工厂。其工资不一律，然总不出十五佛郎范围。其故有数：法厂通例，凡有技艺者，无论何国人，其工资绝无在十五佛郎以下，如我国工匠之在飞机厂作工者，有一日二三四十佛郎之工资。……凡入厂者，十之九皆蒙特别优待……有专为预备住所及厨房者，有借地种植者，有专门派人欢迎者。有一农场一次容百人，且非中国人不可。更有一厂与李石曾交涉，谓中生如能以六月在法依其指导预备法文及工艺，则该厂可指导介绍学习一切工艺，且其自身即可用千人。……以后各厂来信索人者，有一日二十封信之多。而会中一以人数太少，难以应付，二以多无技能，又难称职，故皆辞却。迟之又久，只好寻若干半工半学之工厂，又无技师之工作，分配诸生。故今日找工作乃极易事。惜无能工作之人耳。但入厂后……除一二处因特别关系外，其余通信与会中无一不称中生工作之满意，……有一厂竟要求加五十人之多，且有因故换厂而原厂坚留不准去，此又中国人善于用手之天性有以成之也。故今日无论何厂其初莫不以三人为试验，试验后无一厂不加人，从未有因试验不佳而被除者。故虽以今日无技艺者之多，会中尚可勉为设法也。厂中工作每日俱八小时，无有过此数者。且大多同学于工余之暇另请教员教授法文，计每日除工作之外，尚可读三四小时之书；亦有厂中代请教员教授法文、机械、图画等学科而不另取学费者。至工资一项，若专门工作，从无有不足自给者，不过欲以余钱求学，则为无技艺者之难事也。

中国学生当时在法之谋工厂既如此容易，加以留学生之头衔素为国人重视，于是去者日多而流品亦日杂；而法国生活自民国九年下年来，较战前增加倍蓰，国内工人要求增加工资，厂主负担过重，营业不能发达，工人因而失所者甚多。我国学生因素无技艺上之训练，工作能力原不及法国工人，是以能耐劳与法国一时缺人之两条件勉强在法厂自活。当初亦有因能力不足被各厂辞退者，不过为数甚少，华法教育会之主持人为热心于中法文化沟通者，于尽力介绍工作外，并常向各处募集款项维持其生活。及法国社会经济发生变动，国内工人尚且失业，素少专技之中国学生，当然不能立足，民国十年初，在法勤工俭学生之待维持者达千七百余人，华法教育会既无款维持，而且该会之组织亦以辅助学生觅居觅校为主旨，并非法定之责任机关，但学生平日无工可作时，多在该会领维持费，一时不应，遂发生种种冲突。该会于民国十年一月十二日由会长蔡元培向勤工俭学生申明该会之性质，及其与俭学会、勤工俭学会之关系，并欲学生分途组织俭学会及勤工俭学会。其通告原文说：

> 元培到法以来，在法勤工俭学生，以及学生事务部任事者，先后向培声述各方面困难情形，及询求解决办法。培观察所及，知由于学生事务部组织之不良者半，由于华法教育会，俭学会，勤工俭学会，多有不辨其性质，混为一谈，因而发生误会者又半。今既欲解除一切困难，不得不先辨明此三会之性质。成立之历史，俭学会最早，成立于民国元年；宗旨以纳最俭之费用，求达留学之目的。勤工俭学会则成立于民国四年六月，以"勤于工作，俭以求学"为目的。自此两会，先后成立，来法人数日益增多，同时法国方面亦多注意中法两国文化之提携，为言欲达此种目的，非特设机关，共同集议不可，于是始有华法教育会之组织。是华法教育会为

两国文化上之总机关，俭学会，勤工俭学会不过其事业内之一部分。今则混为一谈，多以为勤工俭学事务，即华法教育会全体之事业，勤工俭学事务办理之不善，益以委罪于华法教育会，如此误会，是直以华法教育会为勤工俭学会之代名，此实大谬不然者也。欲矫此误，惟有俭学会，勤工俭学会，对于华法教育会为部分之分立，由两会学生自行分别组织，华法教育会从旁襄助一切。……

一月十六日并由蔡通告华法教育会对于俭学生或勤工俭学生脱卸一切经济上之责任，其通告及办法如下：

……在本会方面，一年以来，借贷学生之款，亏空之数甚巨。本会原无基金，又无入款，挪借之术，有时而穷；而告贷之学生，方日增无已，今则亏竭已极，万难为济。惟有竭诚通告；华法教育会对于俭学生或勤工俭学生，脱卸一切经济上之责任，只负精神上之援助。……

办法两条：

（甲）关于俭学者：（一）俭学生以前在本会存有款者，一律在本年二月初十起，至三月十五止，由该生亲到事务部结算清楚，（或亲笔函索亦可）本会不再担负保管之责；（二）俭学生无存款，一向请本会贷付学费者，一律自本年二月底止，以后由该生设法自理。

（乙）关于勤工学生者：（一）现在工厂者，自通告之日起，以后如有辞出工厂情事，本会一律不发维持费；（二）现在勤工俭学生之在学校者，其请贷付学校用度，一律于本年二月止，以后由该生设法自理，（三）不存上述之规定，而现在仍来本会领维持费者，本会概不答复。

通告出后，在法勤工俭学学生大起恐慌，纷纷往使领请求维持，时陈箓为公使，连电北京国务院，教育部并各省督军省长报告困难情形，请汇款接济，结果中央只准为无力自给者代购船票遣送回国，各省则以为此项学生非经省派，不能由省负责，而令各生家属自行筹款。此项消息到法，学生坚执不受遣送，于二月二十八日集数百人要求使馆每人月给学费四百佛郎，四年为期，公使无法应付，而法政府及舆论均不以遣送回国为然，并由法外部派人至使馆请将遣送费移作维持学生之用，法政府当竭力帮忙。乃于五月十四日由中法两方面合组委员会专办勤工俭学生事宜，并由采启钤捐五万元计三十万六千五百佛郎，与使馆所筹遣举费二十五万佛郎，法外部捐三十万佛郎，汇理银行捐五万佛郎，共九十万六千五百佛郎，以之发给候工学生每人每日维持费五佛郎。而在法学生千七百余人，流品既不齐，失工者亦多，八九月间，领维持费者达八百余人。适中法实业银行改组问题发生拒款风潮，法政府于九月撤消该委员会，十月十五日起，不复发给学生维持费。适于九月二十一日，勤工俭学生百人占领里昂大学，法政府尽数驱逐暂行安置于附近兵营，并主张驱逐出境，后经公使多方交涉，以内部问题不能解决，终于十月十三日由法外部派员到里昂护送学生一百四人往马赛乘船回国。在法学生，因经济困难亦逐渐自返，民国十四年以后，虽间有去者，但为数甚少。现在勤工俭学生之在法者不过四五百人耳。（见李璜：《法国留学问题》，《中华教育界》十五卷九期）。

民国八年南北两政府争关余时，吴稚晖、李石曾等竭力鼓吹，经政府及各方面之赞助，于民国十年设中法大学于法国之里昂。校址为一旧炮台，法国原定永久给为校址，后由永久改为二十五年，再改为十五年，最后改为九年。开办时费修理等费二百余万佛郎，常年经费约六十万佛郎：由广东政府给四十二万佛郎，北京及法国政府共给十七万五千佛郎。初意原为勤工俭学生，后因种种原因，向国内招收学生，但因校舍与经费之限制，学生不过百五十余人。校中有特待生，免费生，正式自费生之分。此事不独在留学史上开一新纪元，且为中国在海外设立大学之始。

导读 　这是一篇经验之谈，舒新城结合自己的受教育经历，和由此经历所产生的教育观念，表达了自己对于中国教育的若干看法，这些看法基于他个人的亲身经历，具有很高的参考价值。

我和教育

今天所以要谈这个题目，可说有几个动机：第一，我对中国目前的教育，实在怀疑，昨日中华学艺社年会上我曾发表一点意见，他们都很注意而赞同，在晚宴的谈话里，并且和我讨论。第二，近来《生活周刊》上，有一个《文凭问题》，主张要的有朱经农氏，主张不要的，我也是一个。……因了这些问题，常想把我对于教育的态度、意见，写了出来；今天各位要我来讲演，所以就定了这个题目。

"我和教育"的"我"，有两个意义：一是指我自己，就是我自己对于教育的经过与经验，和由此经过与经验所产生的教育观念。一是指普通的"我"，即是任何人都有一个我，那各个我对于教育，当然也有不同的观念。我不是你，也不是他，所以别人对于教育的观念如何，我不知道；我所知道的，只是我自己个人的意见。今天所讲的，便是我自己对于教育的观念。

教育的范围很大，我又不是一个专门学教育哲学的，现在所讲，只是随意发表我的意见，这意见曾经在三四年前陆续地写成文字，诸君或者已有看过的。

现在开始说"我和教育"。

我过去的历史很多，要想在此详细的说，是不可能的，今天只好作一个简短的叙述。说起我来，第一请诸君不要把我看作教育家，我不是教育家，而且不能做教育家；我只因生活上种种关系，对于教育有些直觉的意见而已。我的意见，是根据我的思想来的，而思想又是由于社会上各方面的情形所造成的，所以我今天发表我对于教育的意见，除报告我的生活经过，或者也许可以反映出近数十年来中国社会的一些情形。现在且说为什么说我不是教育家呢？

第一，我不够做教育家；第二，我不愿做教育家。

我不够做教育家，就是因为我对于教育没有深切的研究。我并没有进过中学，只在宣统元年，进过本县的小学，可是刚刚进了三年，便因为闹风潮而被开除；后来借了一张文凭，考入湖南高等师范学校，而且学的是英文科，没有研究过什么教育。虽然后来写过许多书，然而这些书的写成，第一是因为作生活的工具，第二不过是"代圣人立言"，自己的话不过百分之一二。对于教育，只有这样很浅薄的认识，根本说不上研究，当然不配做教育家。其次，我的性情常是很浪漫的，我看不起一切社会的信条、法律，我非常喜好文艺，我看的文艺作品，要比教育书来得多，可是因为生活的原故，写的教育书反而很多。这样为生活而做教育家，既非我力之所能，更非我志之所愿，所以把我和教育家联在一起，实在是一个大误解。

我以为教育家应由循规蹈矩的正人君子去做的。从前我写过一篇《致青年教育家》，登在《教育杂志》上，表示这意见，谁知登出之后，编辑接到责问的信，有数十封之多。只因为他们的立场和我相去太远，所以那些信，我都未复。

我对于中国现在的教育的意见怎样呢？

我认为现在的教育，根本不是人的教育，而只是贵族的教育：因为普通人没有机会受教育，无钱人没有资格受教育。

我现在为什么有这样的思想？

这由于我已往的历史。

我的父亲、祖父、曾祖，都是农人，而且是小农；到我的父亲，才算读书识字，但识字很有限，仅仅可以写信而已。父亲只有我这个单传子，所以便想叫我去读书，目的不过是要我进个秀才举人，是没有别的希望的。

我十二岁时读《纲鉴》，但是读不出趣味来，后来读了一篇《神灭论》，很得意，从此乃大做起文章。十五岁入小学后，直使我无聊，先生一小时教的，我三五分钟便把它看完。因为读教科书无趣味，于是乃大闹起所谓革命来，结果是被开除。但因此我想："书就应该这样读的吗？"

离开小学后，便跑到长沙，想考学校，但因为没有文凭，不能考；于是又跑到湖北去，学了一个多月的英文；后来，借了一张假文凭，考入湖南高等师范学校。考取以后，有人告发我用假文凭，学校又要开除我，我就对校长说：文凭是假的，不错；但考取是不是假的呢？校长一听，也觉得不错，就此算了。但此后我对于读书仍是发生问题，上课究竟干些什么？每天不问你喜欢不喜欢，只是照例去上那规定的课程，于是我又不高兴起来。因为湖南高等师范是以历史上有名的岳麓书院为校址，里面藏书甚多，我便常到图书馆去翻书。那里的书籍，真是诸子百家，非常之多——我最喜欢《庄子》；所以上课呢，我喜欢便去，不喜欢就不去。这样也混到毕业，成绩也倒还不错；然而因此我对教育更怀疑：教育这东西，究竟有用无用。又因为我的家庭虽是小康之家，但我入了都市以后，却很感穷困，于是我更发生下面的疑问：

学校和教育的关系怎样？

教育和金钱的关系怎样？

毕业以后，便是当教员，当了教员，也觉得无趣，所以到一个学校，不到一年或二年便跑开。但是做事的兴趣虽没有，却很有读书的兴趣，于是尽力看书。先看中文的教育书，看了一些，知道都是抄袭的，无足看。以后在某教会学校做教务主任，乃多读外国书；可是后来又因事走开。后在湖南第一师范教教育，以后便是中国公学、东大附中。最后到成都高师，在那里几乎碰到危险，以后就不多谈教育了。

然而我对于教育，仍旧是怀疑：学校究竟应该怎样办？教育究竟是什么东西？教育和金钱的关系究竟怎样？……我为解答我的疑问，于是多多搜罗书籍，切实阅读，想在书本中求得一个答案。

果然，民国十三年以后，我对于"教育是什么？"有些意见了，这些意见是根据我的思想，我的思想是根据我过去农村经济中的小农社会生活的经验，所以处处感到现在的教育不合理。

我对于教育的认识怎样呢？

在我的《教育通论》上曾下有一个定义是：

"教育是改进人生的活动，其目的在为社会创造自立的个人，为个人创造互助的社会；其方法在利用环境（自然的、社会的）的刺激，使受教育者能自动解决问题、创造生活。"

教育既是改进人生的，所以凡对于人生有所改进的，都有教育的意味；个人是离不了社会的，所以任何社会——资本主义也好，共产主义也好——都需要能自立的个人；任何个人——男人女人也好，天才低能也好——都需要互助的社会；为社会创造自立的个人，为个人创造互助的环境，便是教育惟一的使命。达此目的的方法，则在利用环境的刺激，使受教育者能自动解决问题、创造生活。我以为人生之所以异于禽兽者，在其有无限的创造性，以前我在《人生哲学》上也曾讲过：人生即在发现此无限创造性，不断的改进物质生活与精神生活，故解决问题、创造生活实为人生最重要的问题。

我对于教育的认识既如上述，所以我以为合于此种条件的是教育，否则不是教育。我相信，学校出来的学生，到了社会上，不能自动的解决问题、创造生活，那么学生变为字纸篓，教育变为废物。

教育的对象一方面是个人，一方面是社会；要认识教育，更须从这两方面加以透彻的观察。

先说个人。教育直接的对象便是人，所以要知道教育，先要知道个人。个人是什么？若从生理学、心理学上讲，特点很多，但这都是量的，而非质的；所谓质的便是指这无限的创造性。但个人是不能孤立的，所以个人离不了社会，教育也离不了社会。

社会是什么？社会也一样的不易了解，但可以知道它是人群的集合体，所以一切人群事业都脱离不了社会。教育也是同样包括于社会以内的，而非包括社会或在社会以外的。

可是有人偏偏不懂这些。

有人说教育是独立的，大错大错，教育哪能独立？教育是社会生活的一种，它是跟着社会走的，是受经济政治的支配与影响的。你试打开教育史一看，你可以发现，何以过去东方教育有书院、私塾？何以十九世纪工业革命后有新教育制度？又何以中国近几十年来有这样的教育？你还可以想：在君主政制之下能否提倡民权主义？在资本主义之下能否提倡社会主义？你便可相信教育不能独立，不该独立。

有人说教育是万能的，这也不对；教育只是很平常的一种社会生活，它的功能是有限度的，它只能为人生为社会尽它能尽的职务；没有什么神奇，当然说不上万能。

有人说教育是神圣的，这更谬误；教育是人生的一件事，而无所谓神圣。盖只有精神而无物质是神，只有物质而无精神是物，而人生全非此二者，乃介于其间的；教育的宗旨，跳不出政治的影响，教育的方法，逃不了社会的背景，更何神圣之有？

又有人说教育是救国的，更有些主观的夸大。这犹之乎提倡陆军的说陆军可以救国，提倡海军的说海军可以救国，是一样的陷于谬误，一样的欺人之谈！

我们承认：教育不是独立的，乃受经济政治支配的；教育不是万能的，乃是平常的一种社会生活；教育不是神圣的，乃是人生的必需品；教育是不可凭主观来夸大与藐视的。

记着：教育是离不开人生的，教育是社会生活的一种；真正的教育，须与现实的人生相呼应，与当前的社会相吻合；不如此，便是假教育、无用的教育。

所以，研究教育者，从事教育者要知道：

现实的人生是什么？

当前的社会是什么？

青年们！青年的教育家们！要学教育，不要只看重了教育，教育的本身是空无所有的。教育哲学吗？人人有的，乡下老太婆也有她的教育哲学；你看她教她的孙儿敬菩萨，这便是她的教育哲学。其实教育哲学只是教育理想，理想是各人都有的，各地不同的，可惜到现在，还有许多人，还不懂得这些。教育科学呢？也一样是空的，找不着，摸不着，试看调查实验是根据数理科学的；教育目的是根据现实社会的；教育方法是依着社会需要的……所以我常对学教育的人说：若要研究教育，应该多研究一点自然科学、社会科学、哲学……和现实社会的情形。知道了当前社会，然后才可知道教育。

其次，我更希望学教育的人，多学一点文艺，才可对于人生有更好的认识。或者有人以为这是荒谬！须知教育生活（尤其是教育家）！实在枯寂得很，因为从事教育的，大半是所谓师："师者，人之模范也"，所以处处要表现得非常的尊严；无论你自己愿意与否，事实非逼着你如此不可。不但行为这样，学问上亦复如是；因为是师，因为是模范，所以每要强不知以为知，以维持师之尊严。这样一来，所谓教育家，便成为乡愿了。教育家的生活，也成为虚伪的生活了。

其实，做事与做人不同：做事是一事，做人又是一事，要生活当然不能不做事，但也不能因做事而牺牲了做人，二者不可偏废。但一般人多昧于此。所谓"家"，乃是做事，是一种职业，而做人，乃是对于人生的真实体验。而对人生有真实体验者则莫若文艺家。吾人为职业所限，虽不能做文艺家，但至少亦须能欣赏领略，以充实人生，故教育家除职业外，对于有生命之文艺作品，应有领会之能力。再从科学与文艺之性质的不同说，科学是部分的、分析的、现实的，文艺则为整个地表现完满的、理想的真实的（Ideal truth）、完美的人生。吾人虽不必如看了《红楼梦》就要学贾宝玉的故事，但可从此体验人生的复杂和广博。

以上所讲的是：从教育的意义，说到教育与人生与社会的关系，而说到教育家，而说到如何学教育。

次谈谈中国的教育问题。

根据前面所述，教育的对象，一面是个人，一面是社会，所以我们对于任何教育的价值，教育的制度、方法，皆要以现实的人生与社会为根据加以估值，而判定它的是非优劣。诸位此时学教育，将来就要办教育，究竟现在的中国的教育，应该怎样办？这是值得考虑的。

再看教育的本身，教育乃是一种应用科学，而非纯粹科学，它虽也能改造社会，但最大的功能，却在适应社会。说明白些，就是它虽有些力量，但不是无限的，所以它主要的功能，是在于适应社会之中改造社会。

社会进步有两个方法：一个是演化（Evolution），一个是革命（Revolution），其实教育则仅有演化的力量，而无所谓革命；教育可以改造社会，但要跟着政治经济走，不能把社会整个推翻。一方面对于旧社会要继续着去适应，一方面跟着政治经济建立新社会的理想；它只可以促进社会理想的实现，但本身不能建立或推翻一个社会理想。所以社会理想的造成，不是只赖教育的，主要的还是政治、经济、社会各方面来决定，所以教育的理想、教育的方法须与社会相呼应，然后才能适应社会、改造社会，而无各不相谋之弊。

现在要看中国教育与中国社会是否相适应？

翻开近代中国教育史一看，中国之兴新教育，实非常奇特。教育之进步，当然一面要自己慢慢发展，一面搬人家的以资借鉴；但过去的中国新教育是整个的"搬"，成功不成功？在非所问；与社会适应不适应？更无人知道；其惟一的动机，是由于外侮。清末自鸦片战争而后，无时不为外侮所逼。甲午之战，日本竟以弹丸小邦击败老大帝国。于是我国朝野震惊，于是模仿日本，于是变法，兴新教育，名之曰"西学"。新教育初兴时，就有许多很好笑的事：如光绪二十七年《钦定学堂章程》规定小学校每十日放假一次，这是仿效西洋教育的星期办法而未全的。改学堂没有学生，便把各州府县的书院，一律改成大、中、小学，而使秀才、举人入学。最可笑的，中国兴新教育不是自小学起，而是自大学改起。毕业学生，仍是奖以举人、秀才，而为变相的科举。总之，当时的兴学，是逼于外侮不得已的糊涂的仿效。好在那时社会还没有大的变动，学生尚无失业问题；及至社会根本慢慢发生变化，这样教育制度的毛病，便渐渐显露了。

然而现在还有许多所谓新教育家，仍旧是搬，仍旧是做梦，仍旧不明了教育与社会的关系。

须知中国现在的新教育制度，乃是一种工业社会的产物，乃是西洋工业革命以后所产生的。但是，中国的社会，仍属农业社会，而且是小农制度。我曾到湖南、四川以及中国北部、中部，其社会组织大概都是这样。因此，中国社会与新教育制度完全不相合，不能适应（中国虽有几个大都市像是工业社会，这是少数），而发生问题了。最明显的新教育的机关，几乎全设在人口集中的都市，要受教育的，只有到都市中去，乡村人民受教育的机会因而渐少。其次都市和乡村生活渐渐分化而不同，乡村生活的程度低，衣食住行非常简单，都市生活程度高，处处需钱的，而且需要很多的钱。这样一来，在乡村是富的，到都市便不算富，小富的到都市便成穷。乡村的农人子弟何能到都市去读书？乡村教育如何能发达？

这便是中国新教育不能合于中国社会所生的一个病征。

目前注音符号推广与识字运动，总算轰轰烈烈了。但我以为现在收效必不大，何以故？因为乡村农人，他们根本就不需要文字，要使他们愿意识字，必须根本从改造社会上着手。从前庚子赔款退还的时候，我曾极力主张筑路，也是为此。筑路以后，交通便利，交通便利的地方，识字的需要便随着来了。那时，你不"提倡""运动"，他也要自动的读书了。

其次，中国社会逐渐在变质，教育的变质更明显。虽然有人说中国没有资本家，但教育逐渐向资本主义的道路上走，确是事实。不说旁的事，就看诸位能进大学读书，每年至少须四五百元，这四五百元在大都市、在资本主义的社会，原不算得什么，但在内地，尤其是乡村里，确是很多。我要问是不是除诸位以及其他大学生之外，还有许多的青年，他的聪明才能不配进大学？这一定不是；然而为什么诸位能得天独厚？这是很明显的原因，第一是要金钱，第二是要资格（文凭）。没有钱，没有资格，任你是"天字第一号"的天才，也慢妄想受教育。到此，教育失了它本身的意义，而变成了商品，学生和学校是买卖的关系，这便是所谓教育商品化。

教育商品化的事实很多。再拿师生的关系上说，以前"封建势力"支配下的社会，师生关系和父子相仿佛，所以很少反对教师的话，师生冲突也少有，主要的原因是他们并非买卖的关系；教师虽也要吃饭，但束脩直接取自学生的父兄或学田，和学生不发生金钱的关系。现在所谓新教育，便大大不同了。因了教育商品化，学校变成了商店，校长变成了经理，教师变成了货物，学生变成了顾客。学校教师与学生的关系，是明显的买卖的关系。有钱可以来照顾一下，没有钱不要问津。当教师的也是一样的被人买卖，今年被购买到这里，明年被购买到那里，学生对于所信仰的教师，要想发生真实的关系，实不易得。

这又是中国新教育不能适合中国社会所发生的一个病征。

在此我又想起过去一件事，民国十七年全国教育会议开会，我曾有一个提案，这个提案虽被合并而等于无，但可代表我上面所说的意见。那提案是"各级学校一律免费"，我的理由是："人"和"国民"不是一件事。"自然人"可说无受现在教育的需要，"国民"才需要现在的教育。比如执政者，因想建设一个理想的中国，乃将其理想定为教育宗旨；因要国民守法律，才须由教育来训练；所以目前的教育，大都是为国家而设。而且国民既对国家负了纳税、服从等义务（若纯粹个人可以不要），那么，一定要享有教育的权利。父兄不过供给其生活罢了。所以一切教育费，都应该由国家负担。

上面这个意见，还不是根本的企图，根本企图，乃是从经济、政治上做起。

空想教育普及，是不行的，现在限于金钱与资格的商品化教育，固然没有希望普及；就是能将这点改革（如前例所述），还要国民根本需要教育才行。要国民有需要，必须从经济政治改革起。假如中国最近能做到交通便利、工商业发达的地步，舟车来往，不识字便不行，于是要识字；不守时刻的便不行，于是便守时……用环境的刺激使国民根本需要教育，是中国教育建设的第一步。

国民不需要教育，一切教育事业都难办。就拿中华书局说，书局是一种有关文化的事业，自然不能徒然牟利，但也不能只是赔本。在现在的中国，一种书籍至少须销到三千份，才能够本。而销路的广狭，则全看国民的教育程度与需要而定。在日本《帝王杂志》每期销一百余万份，《妇女评论》每期销八十万份，然在中国书籍的销路便不行，有时有价值的作品，因为销路的关系，也不能接受，实可痛心。其实这与教育是同样由于整个的经济、政治问题。

要中国教育有办法，须根本从经济建设、政治建设着手，也就是中国教育建设的根本工作。

最后，谈谈我对于中国教育设施的意见。

我有一个理想的教育设施，就是普遍的设立三馆，乃是：

1. 图书馆；

2. 科学馆；

3. 他育馆。

我所说的三馆，不是像现在各大学所设立的；这三馆乃是知识的产生地，教育的公开场所；每一个馆里各有许多教师或管理员，他们的职责，不只是管理，他们应该负教育的全责，受人民的质疑问难。或者有人说，现在的中国恐怕没有钱做这个，其实钱是有的，只要将庙产公产等切实清查移归正用便行了（据庙产兴学促进会的统计，只江苏一省的庙产价值已属可惊）。此后尽可不设学校，而专建设此事。

若依前面所说，能有很好的经济建设、政治建设，而国民皆有受教育之迫切的需要——不受教育便不能生活——于是于从事职业之余，乃不自禁的要到图书馆、科学馆、体育馆去。在日本东京之各种图书馆，就可见到很多劳动者一齐到图书馆去；如此而不花钱的受教育，教育普及当非难事。

若实行普及三馆的计划，同时要厉行考试制度，由国家规定各级学校的标准程度。无论什么人都得经过及格，才可充任国家公吏，社会各界的用人也以此为准则。

由于我的理想的设施，以为学习都是自己的需要，与今日学者受父母之命来混资格者有别。同时可以解除中国教育之病征。

要说的话，暂止于此。

总结言之：中国教育不能与中国社会相适应，所以我们要找出路，要找出路必须根据已往失败的经验，认识目前的社会，求所以适应之道。

我之所以有以上的主张——对于教育，对于中国教育——全由于我所长成与生活的经验及社会的背景所造成。如有闲暇，我当详细地写出来。

1931年

导读　武训是中国教育史上不可绕开的、很典型的人物，本文不仅介绍了武训的教育思想，更强调了武训的哲学思想，为武训的历史地位作了评价。

武训先生在教育史上的地位

山东堂邑义丐武训先生，一生行乞积资兴学，这一段动人的事迹，还在清季兴办学校之前。在以科举取士的当时，国民教育之为何物，不特民间了无所知，即所谓朝廷大吏，亦无所计划。而武训先生以一赤贫丐者，立意创办义学，教育后生，其动机发愿实至伟大。清季末年，各地奖励私人办学，一时学界，兢揭武训先生之行谊，以示范国人，惜武训先生真实伟大的人格，仅于当时宣传之顷，风动国人，少后数年，便几为国人忘却，至今青年后辈很少有人知道吾国教育史上有这样一个伟大的人物了。

目前有人以为民众教育，当由民众自己起干，这就武训先生的行谊看来，确是可能的。武训先生之在今日中国的教育问题上，似乎更显出重要的意义。

最近堂邑武训中学，通函各地，欲为武训先生征文编集，以垂纪念，我敢借了这个机会，来赞颂先生的人格，并将先生行谊，重提放青年学界及社会人士之前。

就武训先生生平的行为和志愿来看，他不但是教育史上一个空前或许绝后的人物而已，即在哲学史上及社会思想史上，也是一个空前或许绝后的人物。

当清廷粉饰维新之际，一方面耗竭资财于娱乐奢纵之业，一方面以虚名奖励私人兴学而把整个的国家教育计划不加推进。在这个当儿，各省地方士绅很有斥资兴学的人，可是其动机非为教育，而为名。武训先生，生当清廷维新之前，一生专心矢志于创设义学，不求垂名，不求炫世，完全以淑世济人的宏愿为出发点，其动机是极纯粹的。义学虽是一个极具体的教导机关，办义学虽是一件实际的事业，然而武训先生的心中，这"义学"是至一个崇高，与理想主义相抱合，其意义实超越于具体的实际的之外。

我们试分析武训先生的精神，可见他不仅是一个教育家而且是一个宗教家，社会主义者和哲学家。分析言之则：

第一是舍己为群——甚至是苦己以奉人——的宗教家。

第二是改善世界的社会主义者。

第三是苦行求真的哲学家。

第四是同情贫苦的儿童教育家。

武训先生的行为颇有类于墨子学摩顶放踵以利天下。可是从另一方面讲，他不仅菲衣恶食，且进一步自己过非人的生活，不以自己的生活为绳则他人的标准，而优礼所谓学人，这实在比墨子更为难能。墨子主张尚贤，而于教育则不甚重视。墨子不言私人设教之功，即于其整个政治计划中，亦未明设施学校之旨，武训先生则以办义学为其终身之症疾，这一点，可以说贤于墨子。此种精神，惟宗教家所能具有。

武训先生立志创学之时，尚无新教育理论的流行，当时义学之设，不外教授四书经义，兼习帖括。武训先生贫农身世，自己对于四书经义之玄奥，自然是茫无所知，对纯属私利的科名之热，当然更无关系。所以我以为武训先生的发愿创义学其中含有一种隐约未明的改善世界的企图，以他有限的经验，有限的知识，来看世界，来看人类，以为只有从学问的讲授，礼义的传习，是人类改善生活的途径，他自己以办义学为一生终极目的，而个人物质生活为无足轻重。（先生歌曰：吃得好，不算好，修个义学才算好。）他于人类，也只有以求学问受礼义（当然他所见的仅此而已）为人生终极目的，而于个人物质生活视为无足重轻。推他的意思，大抵要以唯心的观念超越论，来摆他人的种种无知愚妄和痛苦不平，这其中有改善世界的社会主义者倾向，这在西洋史上，是应属于柏拉图以下直至英国的奥文（今译欧文——编者加）法国的富立埃（今译傅立叶——编者加）这个乌托邦社会主义者系统的了。

第三说武先生之为哲学家，可是就上举第二点的所述，反过来说明的。就改善世界的社会主义立场说，必先放弃了个人物质的生活，然后可达改善世界，改善人类生活的目的。但就哲学家的立场说，则物质生活愈卑苦，愈是接近真理。卑苦的物质生活本身，并不是一个手段，而是一个究竟。惟有从卑苦的物质生活中，才可启示真理的光。我们看先生行谊，真有类于希腊史上几位哲人，如大哲苏格拉底，如大儒派的狄奥琴斯，如画廊派的善诺（今译芝诺——编者加）。苏格拉底一生以阐明绝对真理为职志，而其生活，即为此真理之显示。苏氏一生自苦自卑，真理所在，虽饮毒药以死而不辞。大儒学派狄奥琴斯，以吻合自然为真理之极则，他处在南欧温暖地天气之下，一裙蔽体，一桶藏身之外，别无长物。亚历山大大王，见了他甚至欲以大帝国皇帝之尊，易他这个简单的合乎真理之生活。画廊派以刻苦自卑为人之究竟，沿街讲学，略无所求，以为生活愈过得困苦，便愈得到接近真理的快乐。凡武训先生生平种种，岂不都与希腊哲人的行谊暗暗相合！

最后说到教育家的武训先生，武训先生歌曰："我积钱，我买田，修个义学为贫寒。"这一个存心，真与欧洲新教育制度未成前，首为新教育开辟园地的大教育家裴斯塔洛齐暗暗相合。裴氏开始办学的动机，是要以手工的训练，来教导贫苦儿童，发展心理；同时又从工艺中，使贫苦儿童，能自己解决自己的衣食问题和教育问题。他招集了许多贫苦儿童，施以教育，甚至把自己的家产耗尽，其困苦比贫苦儿童的家庭，还要加甚。然而他始终不懈地为贫苦儿童奋斗。纽霍夫地方的工艺学校做了他和贫苦儿童做朋友的永久纪念物。真的教育家，必都是贫苦儿童的朋友。如福禄培尔的幼稚园，是专教贫苦儿童的。蒙台枻梭利（今译蒙台梭利——编者加）是专在贫民区里办学的。为贫寒的武训先生，虽列之与裴斯塔洛齐并肩也无愧色！

举遍了教育史上哲学史上的人物，我们可以有根据地说一句话，即武训先生是一个教育（原文无"育"字，编者）史上、哲学史上空前或许绝后的人物。

1934年

┃导读┃ 　使儿童从小养成良好的习惯与态度，培养其完美健全的人格，才能使儿童走向幸福之路。

儿童幸福之路

"二十世纪是儿童的！"三十年来，在这一个旗帜之下，教育上的确建立了不少的新事业。近十年来，一般社会上也发动了许多关于儿童的新事业。如法律上之童工保障，残废儿童之救济，托儿所，儿童剧场，儿童游乐场，及其他许多慈幼事业。今年我们更有儿童年，规定种种关于儿童幸福的具体办法。

儿童的幸福，要怎样才能获得呢？一般人都已知道，必须注意儿童之生理的养护，使其身体壮健。当然，壮健的身体是儿童幸福之本。可是，还有一件事，其重要性至少不下于身体强健的，那便是如何使儿童之情绪得到均衡的发展，使儿童从小就养成良好的习惯与态度，以建设其完美健全的性格。

罗素说："儿童的品性，在六岁以前，大致已经完成了。"（见所著《教育与良好生活》）六岁以前的儿童，几乎完全在父母——尤其是母亲——养育之下。儿童健全的性格的培养，父母——尤其母亲——是操有最大之权力的。

做父母的人，谁不愿意他们的孩子长得健全，活泼快乐，而能充分适应于生活？可是，要怎样才能养育一个快乐的孩子？要怎样才能使孩子在起居饮食各方面都有规则？却是一般父母所最感棘手的，而儿童之不健全的性格，也就在这种无可奈何的情势之下造成了。现代的儿童心理学家及变态心理学家积累其历年研究之所得，多少已能指示我们如何使儿童从小就养成各种良好的习惯与态度，应使其情绪生活得到正当的均衡的发展。我们诚恳地希望一般的父母们，要多多注意于这一方面的知识与技能之获得，而尽量地把它实用起来，则性格健全而完美的儿童，自然会一天一天增多了。这是儿童幸福许多大路中之一条道路。

导读 陆费逵先生是中国现代著名的教育家，中华书局的创办人，对舒新城有知遇之恩，正是在陆费逵的支持下，舒新城得以有机会成为《辞海》的主编。舒新城在本文中并未谈自己与陆费逵的交往，而只谈了陆费逵之于中国的贡献。

陆费伯鸿先生生平略述

先生姓陆费，名逵，原籍浙江桐乡，因其尊人芷沧公宦游陕西，故先生于民国前廿六年，生于陕西汉中。七岁时，芷沧公听政江西，移家南昌，先生随往。先生幼时只受母教五年，父教一年，师教一年，十二岁即独立自修，十七岁创办正蒙学堂（同陆费执：《陆费伯鸿先生传略》插注）于南昌。十九岁随其师吕星如先生赴武昌，创办新学界书店。二十岁任汉口《楚报》主笔，因粤汉铁路借款问题，著论忤当局，《楚报》发刊仅三月，即被迫停刊，先生则被迫去上海，任昌明书店经理约一年，二十一岁入文明书局任编辑两年。二十三岁入商务印书馆任出版部长，兼编《教育杂志》及师范讲义。于二十七岁，即民国元年，与友人陈协恭、戴克敦等创办中华书局，任总经理凡三十年。抗战军兴，国民政府设国民参政会议，两度聘为参政会参政员。著有《教育文存》《青年修养杂谈》《妇女问题杂谈》。综其一生，服务社会四十年，而服务于出版界者达三十八年，其毕生精力，可称尽瘁于文化事业，其治事、治学、处己、待人之方，固多足资矜式，其对于社会各方面之贡献，尤非一般人所能及，兹分别简述于后。

一 少年苦学

先生家学渊源，太高祖宗伯公（墀），以翰林院编修，任《四库全书》总校官。父亲长于文学、书法及铁笔。母亲吴太夫人，善教育。在汉中时，其父亲忙于职务，先生于五岁时，即由其母亲教读。九岁，母病，延师教一年，以后仍由其母教导，父亲则只于其十二岁教一年。先生十三岁即读四书、五经，且能撰文。戊戌变政以后，即由其母亲令其阅读《时务报》及新书，听其自修。先生乃自定课程，每日读古文、看新书各两小时，史地各一小时，并作笔记，阅日报；而阅报对于论说、新闻、广告都一字不放过，有不解者，即查字典及类书，查不着，则记于小册，请教父母或亲友。

十五岁后之两年半间，再定课程，单日在家自修旧籍，双日则往阅书报社读新书，规定每日九时去社，下午五时方出，午餐则自备干粮，新旧并览，学问大进。当十六岁秋间，见报上广告有《笔算便览》，私向母亲索一元，购得《算学笔谈》一部，但恐学不成而父亲责笑，乃于每晨五时起床，私自学习，于四十日中，将四则小数、分数、开方习完，并购《算学难题》一部，全部演习。十七岁从吕星如先生学日文，不数月即能看日文书籍，以后在南昌任教员，在汉口开书店，当主笔，在上海昌明书店、文明书局及商务印书馆，都是一面办事，一面自修，夜间或习日文，或习英文，或编书，或作论文。早晨五时即起床，用洋油炉自烧开水，即于其时习体操，冷水擦身。六时起读书二小时，直至民元创办中华书局时，均无间断。所读科目最多者为教育，次经济，次地理，次政治、哲学，故未受正式学校教育而能作主笔，且任《教育杂志》首任编辑，于教育及文化多所贡献，完全得力于少年时代的刻苦自修。（此段根据其《我青年时代的自修》，见《时代精神》二卷二期）

二　性行一般

先生赋性刚爽，形貌魁武，颈特大，声特洪，其帽须特制，故与友人通讯，每自称大头，中华书局同人亦均知大头先生即先生。记忆力特强，所遇之人，所处之事，每每数十年不忘，平常书信不录稿，但若千年后道及，犹能记其梗概。与人谈话常娓娓数小时，演说则听众千人，不假传音机而能字字听清。少年习于写作，服务文明书局及主编《教育杂志》时，固以写作为业，任中华书局总经理以后，虽事务繁纷，仍时写论文。民国二十年后，因病不能常写，但对于重要公文或书牍，均亲自执笔，任中华书局总经理三十年，从未专用秘书，友朋询其故，则谓有事时须先向秘书说明事由，再嘱其如何措辞，稿成后仍须核阅，不当意者还得修改，有如许时间，则自己早已写好，何必"劳民伤财"。

先生治学、治事、处己、待人之特征，可以勤俭、爽直、和易、进取八字包括之。治学之勤，已如上述，治事则初创中华书局时，凡属编辑、印刷、发行、总务各方面之事务，几于事必躬亲，以后公司发展，不能兼顾一切，但重大事务仍亲自处理。个人生活固极俭朴，在昌明书店任经理时，犹亲自洗濯衣服，数十年来从未雇用厨夫。对于同人常以勤朴相勉，同事婚丧喜庆，除平日有私交者外，不许送礼，更禁发帖，复规定同人之结婚者，可借厂中饭厅为礼堂，只许备茶点款待宾客。先生赋性爽直，事无大小，每一言而决，不作态，不迟疑，对于友朋往往一言订交，终身如故。此类事例，凡与先生共事或相交稍久者，无不知之。但对人极和易，中华书局初创时，常与同事共起居，共操作，绝无阶级观念。三十年来，对公司同人，不论公私信件致人，均称某先生或某兄或某弟（对学生）。自称弟或兄，同人致彼，亦只称伯鸿先生，而不称总经理，故有人向中华书局询伯鸿先生，无人不知，如询陆费总经理，则反有人答不出。先生因好学博识，周知人情与世事，故时时存自强不息之心，对个人固时时进修。对公司，于民国二年一度赴日考察，归而建发行所及印刷所。十九年再度赴日，归而建上海澳门路新厂及香港分厂。于各分局，则均曾亲加考察，指导一切，且常开分局营业会议，共谋改进。

以上为其性情行为之大概。（此段根据《教育文存》《妇女问题杂谈》《青年修养杂谈》）

三　对于文化之贡献

先生以五十六岁之中寿，而服务于出版界达三十七八年，努力文化事业数十年如一日，近代事业家中实所少见。先生从事书业之动机有二：一为当十九岁时，因购书不易，以为从事书业可一面自立，一面有书可读；二则以为书业关系国家文化前途至大，且预测将来必大发展，故立下决心，终身从事书业。民国前七年，先生在上海任昌明书店经理时，书业商会正在发起筹备，先生被推为章程起稿员。正式成立后，任评议兼书记，且兼职业补习夜校与《图书月报》主任。民国后，书业商会改为书业同业公会，继续任执行委员、监察委员及主席等职，以至于今。先生自视书业为终身职业，故对于书业之希望最大，曾在《书业商会二十周纪念册·序》中说："我们希望国家社会进步，不能不希望教育进步，我们希望教育进步，不能不希望书业进步。我们书业虽然是较小的行业，但是与国家社会的关系，却比任何行业为大。"

辛亥革命爆发，先生预料满清必覆，民国即将成立，君主时代之教科书，必不适用于民主国家，乃集合同志筹备新教科书。于民国元年元旦，创立中华书局，首先发行中华教科书。我国教科书因有竞争之故，乃大进步。同时以中国字典多陈旧不适用，与欧阳仲涛、范静生先生等发奋编《中华大字典》，费四年数十人之力，始完成，字数四万余，较《康熙字典》之字数尤多。数年前，《全国图书馆协会月报》犹评为现在惟一之字书。大字典完成之后，即继续编辑《辞海》，经百余人前后二十年之时间，而于民国二十六年完成之。先生于序中谓，将再以一二十之岁月，经营一百万条之大辞书，其志愿之宏，可以概见。先生太高祖宗伯公，任《四库全书》总校官前后二十年，且于嘉兴城外甪里街，建枝荫阁，藏四库副本，枝荫阁虽于洪杨之乱毁于火，但其家本载之甚详。民国九年起之十四年间，命中华书局陆续辑印《四部备要》一万一千三百〇五卷，分订二千五百册，悉出自先生之主持。又以儿时知有《古今图书集成》，壮而编书撰文常利用之，时思寻求雍正铜活字本影印之，卒于民国二十三年得陈炳谦先生转让南海康有为氏藏本，而将原书五千册缩印为八百册，廉价发售。此外，三十年间，中华书局出版新旧书籍近二万种，皆先生主持之力。其一生事业，固全在书业，对于书业各部门之知识，如编辑、印刷、发行，各方面均能窥其堂奥，在书业界可称全能，而其对于文化之贡献，亦非一般人所能跂及。(此段根据各书序文)

四　对于教育之贡献

先生素性好学深思，于学无所不窥，而于教育研究尤精深。当其主编《教育杂志》时，每期均有论文，而于学制方面之主张尤多。清末学制为初小五年，高小四年，中学五年，高等学校三年，大学三年或四年，就学年限共为二十至二十一年。授课时间则初小三十时，高小以上三十六时。先生根据国民体力及社会经济情形，力主缩短在学年限，及减少授课时间。于前者，主张初高小各三年，中学五年，大学预科一年，本科三年或四年，共计十五至十六年。于后者，则主张初小二十四小时至二十七小时，高小以上不得过三十小时。

民国元年，南京临时政府成立，蔡元培先生任教育总长，以国体既经变更，旧法令不适用，新规制又迫于时间未能颁布，乃去沪商之先生及蒋维乔先生。先生本其夙见，与蒋拟定《中华民国教育部普通教育暂行办法》十四条，一月十九日公布，其中最主要者为初小男女同学，小学废止读经，加课珠算，注重手工，中学师范改为四年，中学文实不分科，及废止奖励出身等。同时公布《普通教育暂行课程标准》，亦以先生之意见为根据。先生复同时发表《民国普通学制议》《新学制之要求》《民国教育方针当采实利主义》《敬告民国教育总长》诸文，以提醒社会。史家对于《暂行办法》及《课程标准》两令，称为民国教育史之绝续汤，均出自先生平日研究之所得也。

先生对于教育之各方面，如教育宗旨、教科书、教育制度、国音、国语、男女同学等，均有精确主张，发为论文，而于女子教育，尤有特见。先生既不赞成旧日之闺秀教育，也不主张与男子受同等教育，而从女子体力以及人类互助、社会分工各方面主张女子教育。于民国二十年，女子组织北伐队，教育界鼓吹女子为军人时，发表《女子教育问题》一文，力辟其非，而谓女子第一当养成贞淑之德、和易之风，并授以家政之智能，以期可力人妻；第二养成慈爱之性、高洁之情，并授以育儿教子之技能，期可以为人母；第三当设女子师范、女子裁缝、刺绣、蚕业、图书、音乐等学校，期可以习一业以生活。民国九年，男女同等教育之说盛倡，先生复为《女子教育的急务》一文，谓女子教育的目的有四：第一健全女子的人格；第二养成贤母良妻；第三在男子能养家的时代，从事无害生理、无妨家庭的职业；第四预备充足的实力，于必要的时候代男子作国家社会一切的事。

以上是先生对于教育贡献之荦荦大者。（此段根据《教育文存》）

五 对于国事之先见

先生常识丰富，对于国家大业，尤为注意。武昌时尝秘密参与革命，任《楚报》主笔，有敢言之名，且以言论忤当道，而报馆被封，个人出走。十九岁后，虽专心书业，但对国事仍不放松，先生于地理、历史素所专精，九一八后，世界风云日急，乃从地理、历史之各方面，预断世界必有大战，中日之战尤在目前。于民国二十一年十二月二十一日，草《备战》一文，发表于二十二年一月十日出版之《新中华》创刊号，大声疾呼，警觉国人。先生以为战事发生之后，必为长期的，我国无海军，不能与敌人立决雌雄，惟有长期抵抗，以期国防形势之于我有利，因而主张积极准备。准备分军事、民食、交通三方面。军事方面，要运用机械化步队，首须准备汽油，谓赶快至少以五千万元购汽油存储于稳固地方，以备战时应用；第二是军粮，除囤积米面之外，并应多备炒米炒面，作干粮；第三是军衣，谓大规模最后决胜的大战，必定在东三省，要免士兵冰天雪地之冻毙，不得不制寒衣服，假定一百万人，每人一件皮袄，一条棉裤和内衫裤袜鞋，至少须三十元，即须三千万元。在民食方面，则谓粮食固当注意，而长芦两淮的产盐区，战事发生必为敌人占领，人民将有淡食之虞，故主张在二三年中，督促盐场加多制造溢额之盐，运存安全地点，以备万一。对交通方面，则谓公路虽日有建筑，但战事发生，一部分当被破坏，而汽油进口不易，且须供给军队之用，不能供给民运，故主张提倡马车、牛车、骡车、驴车，由省建设厅制造车辆，租与民间行驶公路，并许民间自行制造驶用，予以种种便利，在平时可辅汽车之不足，也可减少汽油的漏卮，战时更可得许多用处。先生此文发表于八年之前，不独对于战事发生预为见及，所提议准备各事，亦均简要切实，现在政府之提倡驿运及储备汽油等等，多与其意见相合，由此可见先生对于国事之远大眼光。

以上所述，不过先生生平、事业、性行之荦荦大者，其他以限于时间不能详述，但先生立身勤俭、处事爽直、待人和易、执业进取之美德与其对于文化教育及国事之贡献，固彰彰在人耳目，足资矜式，同人与先生相交有年，兹就平日观摩所及，为略述其生平如上。

1946年

导读 这篇谈教育的文章只有一个主题，即向老妈子学习。在舒新城看来，教师应向老妈子学习之处有三：一、人的概念；二、人的整体的概念；三、从老妈子带孩子的方法中理解教育。

老夫子和老妈子

"人人称我老夫子，生活不如老妈子；

同样为人带孩子，吃不饱来饿不死。"

这是最近死去的教育家陶行知先生自我写照的诗。

这首诗为大家所爱读，因为它能表现出现在教师们的生活实况，尤为教育界人士所爱读。——就诗论诗，就事论事，都不失为一首好诗。可是我今天提出这首诗作引子，不是从文学的见地论诗，也不是从现实的观点论老夫子和老妈子的生活，而是从另一个观点去讨论教育问题。

从教育发展史上看，在初民社会并无所谓教师的行业。因为人类的幼稚期很长，在其未能自取食物以前，靠母乳养活他；以后则参加家庭和社会的实际生活而逐渐学习着当地当时社会上所需要的种种生活习惯及技能以自立，等到社会经济制度渐趋复杂以后，有权、有势、有钱的父母自己不愿或无暇去照顾自己的子女，于是有所谓教仆、保姆受雇代为照料。再进一步，便有学校、有专业的教师。等到学校和教师制度建立——尤其在工业革命以后——之后，学校成为知识的交易场所，教师成为知识的贩卖人，学生，至少学生的家长则为顾客，官厅为雇主，于是教育跟着经济制度的变更而成为商品，老夫子和老妈子也都同为带孩子的雇工。在经济制度未曾达到理想的境地以前，雇工的生活要合理化自然是难事。——这一层三十四年七月间在某处遇陶先生与之谈及，彼亦以为然，且谓其所以努力民主运动，即是为此。

可是某一观点讲老妈子带孩子，还保存几分教育的真意义。老夫子呢？虽然在现在，其生活未必优于老妈子，然而自视甚高，社会上一般人也不敢把他们和老妈子相比。可是在教育上，他们似乎有些地方还要向老妈子学习。

老妈子诚然知识不多，更不知道什么是教育。可是她们替人家带孩子，是对孩子们的全部负责任的。她们虽然不知医药，但能利用其生活经验教孩子们防病——虽然事实上也许是迷信而无效——孩子们有病，她们为之照料，为之看护；她们平时当心孩子们的饮食起居，出外为之防御危险；她们虽大多数不识字，不明礼（?），但能以其经验直接养成孩子们的生活习惯，教以待人接物之道，更能利用语言、诗歌灌输孩子们以不能亲历的知识，启发其可为创造力的想象。教育心理学以为人的个性之形成大半得自幼稚时期，所以幼稚期的教育特别被重视。倘若你是雇得起老妈子带孩子的父母，你把孩子经常交给她带，虽然孩子也许常常和你见面，可是孩子的生活方法以至语言、思想，将最大部分以至全部是和老妈子的相似而和你自己的不同，甚至于她的一切可以影响及于孩子的一生。

老夫子自问对于孩子们的影响是否人人都能赶得上老妈子！

老妈子的教育方法诚然是守旧的，少进步的，然而在教育上的效果却不弱于老夫子，且常超过老夫子！从效果讲，我以为老夫子值得向老妈子学习的有下列三事。

第一是人的概念。现在许多地方称喂乳婴孩的女工为奶妈，专带孩子的女工为保姆，而通称学校的教师为教书先生。从这种极通俗的称呼上看，老妈子和老夫子，虽然同是替人家带孩子，但对老妈子无形中赋以"妈"或"母"的责任，对老夫子则只课以教书的责任。因此老妈子在下意识中要代行"妈""母"的责任——事实上能否办到是另一问题——老夫子则以"书"为对象，对孩子们能教完书———以教科书为主体——中的知识即称尽责。因此老妈子的教育对象是人——孩子；老夫子的教育对象是物——书。

人是最平常也是最神秘的，所谓平常是任何人都能知道自己是人，知道自己的官能活动，知道利用万物，知道在社会上与他人的关系；所谓神秘，是最大的科学家也不能彻底了解"化学物质的原子怎么会互相会合而构成复杂的器官？……究竟人的内部在一种什么情形之下会变换其志愿？器官何以会影响于精神？……我们的勇气、判断、道德意识何以会自行增强或减弱……究竟要在怎样一种环境中才能使人类的文化发达到最高的程度？在我们的精神和生理的构成中是否可以消除争斗，仇恨和痛苦？"——A. Carrel: L'Homme, cet In-conuu，周太玄译名《人的科学》，页三~四，中华版。

科学家所不能了解的问题，当然不能希望老妈子能了解，也不能责备老夫子人人都要了解。但老妈子对于她们所带的孩子，至少有一种模糊的综合概念，就是"为人家带'孩子'"。因为下意识中有了代行母职的责任感，她能从自己的孩子中推断人家的孩子是活泼泼的"人"，把孩子当做一个整体，孩子生活上的一切她都当心。她希望孩子能活泼地生活，康健地长大。虽然她的方法可能有错误，但她把孩子当作"整体的人"而愿为之照料一切，却是她下意识的心愿。

老夫子呢？自从教仆逐渐化为教师专业以后，教育上的理论与方法，也因数理、生物、社会等科学的发展而成为独立的学科，许多文明国家且规定非受过师范教育训练的人不能任教师，而师范学校大都是讲教育学科与训练教学方法的。从知识上讲，师范生对于人的知识应有充分的修养，教师也应当能利用这些知识以施教。可是事实上，因为生物科学之进步远在物理科学之后，而人的科学的进步，又远不如一般生物科学。教育学科的基础已是薄弱，而教师专业化以后，其职责又以传达知识为主，于是往往舍本就末，而以知识为主，"人"为辅；在施行新教育的中国，因政局之动荡，社会之不安，经济制度之不良，受教者为应社会之需要，以进学校为求生活资格的门径，教者亦为自身的生活计而以教"书"相应。于是再将知识的范围缩小而成为书本以至专以教科书的知识为限，"人"更放在一旁。于是老夫子成为教书匠，其职责由对人而缩为对物。于是老夫子反而要向老妈子学习。

老妈子当然不懂人的神秘，可是从经验上她是懂孩子的，至少她不把孩子当作成人看待，孩子们在家庭中有许多可笑的幼稚行为，她能用孩子的心情去理解，绝不用成人的尺度去衡量。她知道孩子们将来要成为国家的公民，要参加政治，然而绝不用现在中国政党的方法去限制他们的自由与活动。她从经验上知道孩子们是自私的，好斗的，然而她绝不让他这种本能自由发展；孩子们在兄弟姊妹和邻里同伴之间有争执，她能为之和解，为之裁判，使他们言归于好，和和气气地过日子；孩子们欢喜绘画，欢喜唱歌，欢喜动手工作，她不会严格地禁止，有时还能予以指导，使他们的个性得有适当的发展；孩子们有坏习惯或有害公众的行动，她能有意无意之间予以纠正；孩子们有病，她能同情他们，看护他们，使他们长成为健康的人。教师们对于人生和社会的常识，自然远过于老妈子，可是到应用上却弃置不顾；这是孩子们的损失，人类的损失。

其次，是"人的整体的概念"。老妈子从经验上虽然把孩子们看作"人"，处处以"人"相待，但她们限于知识，对于人的整体的了解是有限的。她们待"人"教"人"的态度，老夫子固然应当学习，同时还应当尽更大的责任，那便是了解"人的整体"。教育学者常说教师不能以不知不能者教人，意思是说，教师自己不能以不知不能者教授他人。倘若你要孩子们学无线电，你自己必得先明白无线电的原理，与能动手装置无线电收音机或广播机，否则孩子们是不会跟你学习的。这一点，因为是教学上的格言，一般教师大概注意及之——事实上一般教师能否真正做到，是另一问题——教育学上另一句名言，是教师在施教以前必先彻底了解被教者的一切。这是说，教师施教的对象是学生，而学生有幼儿、儿童、少年、青年、成人之别，施教之前，必得先明白他们的身心状况，所以师范学校的课程除普通心理学、生理学等以外，还有儿童心理、青年心理、成人心理以及各种教学法的等等科目，论理，教师对于

"人"的知识，应当充分了。可是事实上——至少在中国——都是些空疏的科学原理，在实际上欲求如老妈子凭经验的应用到学生的生活上却不很多。从中华民国的教育宗旨以至任何级学校的教育目标，都有培养健康的体格和健全的精神的规定，可是健康体格的基本要素如营养、热量和卫生方法，健全精神的基本要素如环境刺激与精神修养等，便很少有教师能像老妈子般地指导其学生。而况现在教育学科中所谓心理学、生理学等等都是些破碎支离的知识，根本与"人的整体"不发生重大的关系。

教师要明白其所施教的对象，必得从"人的整体"上下功夫。我们也知道生物科学之发达后于物理科学，而人类生理科学之进步，又远在一般生物科学之后。现在，虽然可以从化学上分析出构成人体的各种元素，然而无法从化学上解释其精神活动，于是生物化学的科学家想把生物的与化学的因素联合起来以解释"人的整体"。但所得结果尚属有限——即如 Carrel 所举的许多问题便无法解决——于是又有一部分学者打算从生物物理上去求办法，生物物理学的建立虽然对于人的整体的了解有很大的帮助，但是其结果尚不显著。而对于人的整体的神秘要求理解，则是一般生物科学家的愿望。教育家要对于其所施教的对象有彻底的理解，必待人类生理学因生物化学、生物物理学之成就以后。

然而老夫子绝不能静待河清，应该自己负起责任来。

我们知道从生物化学、生物物理学以解决人的整体，必须有良好的实验室，有优秀的科学家，一般老夫子当然不尽能肩此重任，但人的整体的理解，其材料一部分为人体生理的种种物质及其变化，又一部分为环境中的种种物质及其变动，而另一部分也可说是最主要的一部分是个人活动对于自然和社会所生的影响。我们都知道无线电广播与收音机的应用，在现在极普遍，但最初的发明不过是由业余的穷小子干出来的。雷达在军事上的应用大极了，但最初不过是位十三岁的小孩发现出来的。黑光与电波是永久存在于世界上的，但经业余者发现以后便可以改变世界。又如希特勒虽然死去了，但他何以能运用其思考的一念而扰乱了全世界。从另一方面讲，何以同一父母所生之子女，其性能及成就各有不同；同一社会环境又产生许多不同的人物。再从生物化学所研究的结果，何以同一热力同一物质的食物，对于各个人的体素有不同的影响。这些都是人生尚未能得全部解答的问题。更以浅近的事实讲，孩子遇着不如意的事何以会生气会哭，当其生气或哭的时候，其体素何以会有激动。这些问题虽然生物化学家都在努力求解答，也有些得着一些解答，但应用起来，每嫌不够实际，老夫子天天和孩子们在一起，孩子们的活动对于社会的影响和自然与社会环境的变动对于人类生活的影响都是看得见，察得出的。倘若有老妈子带孩子的心情，有科学家治学的方法，他们必能整理出许多宝贵的材料，贡献于生物化学、生物物理与人类生理学家作参考。同时自己也可用归纳或实验的方法研究人的整体的问题。

从生物社会学的观点，"人"的生活是两重的：其一为生物的人，即人的遗传与其所出生之家族是先天的，无所选择的；又一为社会的人，即人的社会与职业活动，是可以有选择的。社会的人的健全性是与社会组织，尤其经济制度与政治制度息息相关，而生物的人的健康性除了先天的遗传，也要受社会制度的影响。老夫子施教的对象是"人"，必以人的整体为目标，必求生物与社会的人同时发展，同样完美。倘若只知教"书"而不知教"人"，固然不如老妈子；只知教部分的人而不知教整体的人，其成就也未必会高于老妈子。所以我希望老夫子首先须学老妈子教"人"——注意孩子们现实的生活——而不专教"书"，从各方面求了解"人的整体"，以教"整体的人"，以超过老妈子。

第三，是从老妈子带孩子的方法中理解教育，不仅限于书本，尤不仅限于文字。教育学者、语言学者都知道文字是意识的符号。符号必有其内容。倘若内容不充实，即能善用符号也表现不出什么好东西来。就人的生活讲，为继续以往许多人遗留下来的好的生活经验，或要将现在生活的好经验使之传递下去，自不得不用文字。而日常生活的知识，并不要文字，而可以由实物的观察，语言的传达与行动的模仿得来。例如二岁以下的孩子，通常不会认得"茶杯"两字，但他从父母兄姊的动作及个人的经验中，知道茶杯可以盛茶，茶可以解渴，且能使茶杯两字的声音和实物的茶杯发生联系，若果有人叫他拿茶杯，他可以将声音变成动作，而照着去做。其他类此的事情极多——乡下不识字的老农老妇，也一样有其生活方法、道德标准。——所以教书的老夫子，虽然不必完全放弃书，但至少应当把书以外各种行动、实物、语言同样看作真实的教材。倘若一位中学物理学教师把教科书上的电学原理讲完，而学生在家里不会修电灯，一位数学教师把代数、几何教完，而学生在家中不会算小菜账，这样的老夫子应该自认不如老妈子。因为老妈子虽不一定会教孩子们识字，但她们是可以教他们应付日常生活的。

老夫子只要能把"教书"的传统观念打破而代以"教人"，则对于书本以外的一切都应看作很好而重要的教材，这些教材无穷尽，随时随地都有。只要有兴趣去找寻，有方法去研究，最平常的东西，往往变成奇迹，瓦特的蒸汽机的发明便是一例。优良的老妈子，看到小孩子为满足其好奇的欲望、研究的兴趣而拆开玩具，必不加以责备，甚且予以鼓励和指导。老夫子在学校里是否允许孩子们自由活动，是否不以书本为制止其他活动的工具，是否因太重书本之故而埋没许多能为发明家的孩子。我想谁都难得有扪心无愧的答复。所以我以为老夫子在这些地方是值得向老妈子学习的。老夫子如果不专教书而愿兼教人，便当从各方面养成孩子们好奇的欲望，动手的习惯，使他们对于自然界的一切现象，社会上的一切活动，人生上的一切问题，都感兴趣，都想探寻其秘密。我们成人所认为无办法、不可能的问题，孩子们可能为之解决——雷达便是一例——而成人们现在所视为神秘的人的整体问题，孩子们也可能以好奇的心情、游戏的态度而无意中有所解决。

我写到此处，友人看见题目觉得奇怪，索而阅之，阅后大声叹息说：

"人人称我老夫子，生活不如老妈子；

还要再学老妈子，不知为的是啥子！"

我说：

　　"不为啥子，只为孩子；

　　有了健全的孩子，才有太平的日子。"

　　老夫子和老妈子的问题，便此打住罢！

1946年

导读 　恽代英是中国现代著名的无产阶级革命家，中国共产党早期运动的领导人之一。恽代英对舒新城的影响很深，二人的早期交往也比较多，恽代英介绍舒新城加入了少年中国学会。本文不仅是一篇纪念性文章，同时具有很高的史料价值。

回忆恽代英同志

二十年前（1940年）我写自传式的《我和教育》，曾提到少年中国学会，其中有一段说："该刊（《少年中国》月刊）第二卷第一期、第三期（当时误写为第二期），发表恽代英《怎样创造少年中国》一文。他本学会实践的宗旨，主张注意研究群众生活的修养。把应该注意的事列成一表，分为活动的修养、合群的修养两大部门。……他这篇文章有两万字，除去对于上述的各种项目有详细的说明而外，并详述何以要创造少年中国，与创造少年中国应分工互助的原因。这在我从幼受了曾涤生与朱子教条的影响的少年看来，自然是更合胃口，所以我对学会以及其会员的大部分都有特殊的好感。"

"民国九年（1920年）夏，我第一次赴沪，得见恽代英。""学会于十二年（1923年）十月四日在苏州开大会，发表行动纲领九条，更引起我的共鸣，乃于斯年十一月经……恽代英五人之介绍……正式加入学会。"我之加入少年中国学会主要是由于恽代英同志的影响。现在就记忆所及，略述我对恽代英同志印象最深的二三事。

——

恽代英同志是少年中国学会创立时的会员。因为我们当时都年轻，都不满现状，对于五四时期之所谓新知识，都如饥似渴地阅读，同时我们又都在京沪报刊上投稿，所以在未见面以前，都已知道彼此的姓名，而1920年暑假我们在上海第一次见面，便都有"一见如故"之感。

记得是8月下旬，我应湖南第一师范之聘，在启程回长沙的前几天的一个夜晚，因《中华教育界》的稿子问题去左舜生家中（左编《中华教育界》同时兼理《少年中国》月刊的编排事务），谈话不久，恽代英同志来了（他来是为《少年中国》月刊问题）。互道姓名之后，便无拘无束地谈社会问题、国家问题、世界问题、男女问题以及个人对于国家的理想问题。他那篇《怎样创造少年中国》的前半部分已经发表，我读了非常佩服，认为是改造青年以救中国的良药；后半部分还没有发表，他便滔滔不绝地将他对于学术研究、个人生活的意见详细地讲述了一番，我听得极其入神，尤其佩服的是他对个人的严格要求和对朋友的劝善规过。这一次足足谈了三个小时。

我们初次见面时，他的深度近视眼镜、蓝布学生服、青布鞋和满头"怒发"，引起我极大的敬意。在此以前，我常读他的"下笔万言"的文章，总以为他也和当时的所谓文人一样，是一位"翩翩佳公子"，不想一见之后，他是那样地"辩才无碍"，而又是那样地朴素真挚。当时我曾为表明对他的印象而称之为创造少年中国的苦行头陀（他终年不戴帽子）。1921年我从长沙再到上海，彼此见面的机会较前为多，1923年春我去南京任教，他到南京不时住在我家中，彼此谈得更多。他经常以民族主义及经济史观（那时形势难于公开谈马克思辩证唯物主义）、阶级斗争等理论诱导我，只以我的资产阶级的立场根深蒂固，未能接受他的意见。

二

1923年10月，少年中国学会在苏州开大会，决定本会进行方针为"求中华民族独立，到青年中间去"，并制定学会纲领九条。同时由大会决定将学会总会迁南京。根据上述的宣言与纲领，学会以后要注重事业，因而有创办学校之议。南京总会决定我与杨效春、曹刍三人起草办学计划书。

我将草拟的办学计划寄给代英同志，当时他正在上海编《中国青年》，一方面忙于党务工作，同时又患目疾，但终于在 12月13日复我一封千余字的长信。在信中谈到他对于学会的意见：

"此次苏州会议，结果我尤极满意。会前我尚嫌其精神涣散，无共同倾向；会后能以民族独立的青年运动自任，我极为中国幸。学会在中国青年中颇负虚名，彼等皆望吾辈真能为创造少年中国而奋斗。我亦完全系为这 Practical Aim（实际的目的——编者）而加入。我决认任何 Disinterested（没有利害关系的——编者）的学问，均为不急之务。但我亦不反对会员中个人有此等嗜好。只是学会决非专门讲'学'的会也。我看学会总算前途颇有希望。现革命团体中人，多勇敢而嫌不稳健，学会中尚有几个稳健的人，惟惜勇敢方面还须努力耳。中国急于需要担当大事的人。"

对于学校编制，他说：

"（一）训育方面务须矫好整齐、务外观的弊病。此既教欺诈，且妨学生自然生长，要有训育者混入学生中去潜移默化。……

"（二）课程方面，我以为现在中学教成许多半截货的英文、数学学生，极无道理，浪费时间，戕贼人才，又使中学生常识缺乏，不知人事。真欲办'中国化'的教育，宜决然改弦更张。我个人意思以为中学可分三级：

A. 初级中学三年　以养成普通人生足够的知识技能为主。教有关人生的自然常识——天文、地质、生理卫生、博物、理化——但决不涉及专门化的技术知识。理化中需要几何、三角，于教理化中附带教之。……

教有关人生的社会常识——历史、地理、社会学、政制、经济——宜较现制多加时间，看作主要的功课。

教必须要的日用技术——国文、算术、初步代数——太偏于理论或文艺的，都要认为不急之务。

B. 高级中学二年　以养成中等、下等职业技术人才为主。分科按地方情形需要。教该科需要之各项科目，如机械则教高等数学物理，农业则教地质化学及其他一切专门学科。

C. 补习一年　可进可不进，亦可只选一种课。此一年可在初级毕业后，亦可在高级毕业后。半日学习英文——每日不断——年长比年幼时观念丰富故易学，继续比不继续学习因不致忘记故易有效；一学便学到可用，多应用更有味而不致虚耗光阴。半日学习几何、三角及其他升学应补之课。

"用上法定比现在分四五年学习的有成效，而不升学的人又不致因此不必要之课害其成就。"

当时他在《中国青年》（1923年第八期）上发表一篇《八股》的文章，论当时学校课程的弊害，特寄我一册，要我阅读。他对学校的意见，是针对我们办学计划书的空洞和抄袭外国办法而发。少年中国的办学计划固然未曾实现，而他当时这些意见，我们在思想上还不能完全接受。

三

恽代英同志在这封信里，还表示对1923年少年中国学会的苏州宣言极为满意。在1924年1月5日出版之《中国青年》第十二期上他发表了《前途的乐观》一文，也提到少年中国学会议决"求中华民族独立，到青年中间去"的口号，并且认为这是顾及中国实际情形转入民主革命与民族独立运动的一种好现象。可是1924年，会员的思想分化愈显明，右翼的力量更抬头了。《少年中国》月刊在1923年的第四卷（1923年3月至1924年4月）中发表了许多宣传国家主义的文章；1923年冬，南京分会竟议决用新国家主义作为教育上努力之目标；1924年《少年中国》四卷九期上还发表陈启天的《新国家主义与中国前途》的文章。右翼首脑曾琦、李璜、陈启天、余家菊、左舜生等抬出国家主义派的旗帜，公开反对共产党，公开反对马克思主义。1924年7月第五届年会，竟至对已经公布的1923年苏州大会宣言的九条纲领重行讨论。

五届年会是7月7、8两日在南京举行的。第一日共到二十五人，第二日共到二十一人。两次会议均集中于讨论苏州大会的九条纲领，而以第五、第六两条为争论的重点。这两条原文是：

第五条：推阐经济压迫为国民道德堕落的主要原因，以反证中华民族绝对非劣等民族；应反对此类减少国民自信力的各种宣传，且指示经济改造为国民道德改造的重要途径。

第六条：提倡青年为民族独立运动，为各种切实有效的社会服务；力矫浮夸偷惰，或只知无目的的修身求学，而不问国家社会事务的恶习。

在这次会议提出修改意见者是国家主义派头子左舜生、陈启天、余家菊等。他们的理由是：第五条"含有浓厚的唯物史观之色彩"，尤其反对"经济改造为国民道德改造的重要途径"，认为这是和中国传统的形而上学的道德观的看法完全相反；对于第六条，他们反对"提倡青年为民族独立运动"和要青年问国家社会事务。理由是：民族独立运动是外国（指苏联）的口号，和中国当前的国情不合；青年只应为社会服务，不应参加国家事务。

这次出席的二十五人中，只有恽代英、杨贤江两同志是与国家主义派辩论的主要对手。恽代英同志在两天会议中均有激烈辩论。我现在还记得：第一，他除从一般原理说明经济史观的正确而外，还用我们流行的成语"衣食足而后礼义兴"来说明经济是道德的基础。他认为这道理是以客观的事实作基础，是真理。这真理存在于自古以来的人们的头脑中，只是后来的士大夫要帮助统治者愚弄人民，所以不承认它，而有所谓道德不基于经济的胡说。其次，他指出，从鸦片战争以来，尤其是民国以来，国际帝国主义美、英、法、日、德等国在中国制造内战，贩卖军火，使得中国生产不能发展，财政日趋竭蹶，工商业倒闭，失业失学者天天增加，一般人民连求生都不可得，因此根本没有闲暇去讲究什么士大夫的所谓道德。第三，他以为要国民有保家卫国的新道德，必须先要有家可保，有国可卫。中国现在的经济财政均为列强所控制；它们利用不平等的条约，掌握了我国的关税权，便利他们把不急之物大量输入，同时利用我国廉价劳动力，在我国设工厂，扼杀了中国的民族工业；它们还利用了所谓"关余"接济军阀混战，使中国的社会永无安宁之日，军阀对人民则苛捐杂税层出不穷，使百姓不能生活。所以要救中国首先要使中华民族独立，这就必须推翻帝国主义和军阀的压迫剥削；其次是要改造经济、发展大工业，使百姓能生活，国防能巩固。因而他坚决主张对第五、第六两条不加修改。与余家菊、陈启天、左舜生等两次辩论，每次讲话都在一小时以上，他的言论感动了许多会员，但以国家主义派的会员占多数，最后举行表决，仍以多数通过如下的修改案：

第五条（即修改后的第八条）：推阐外资压迫为民生穷苦、兵匪充斥的重要原因，应反对一切不平等条约，以谋发展国内产业。

第六条（即修改后的第二条）：提倡青年为各种切实有效的社会服务，力矫浮夸偷惰等恶习。

纲领的次序也有所更改。但代英同志以为纲领中尚保存着反对国际帝国主义的侵略，反对一切不平等条约及打倒军阀的条文，为团结可以团结的一切力量，终于与杨贤江同志在宣言上签了字（此宣言由左舜生起草，经大会通过，后因《少年中国》月刊停刊，对外未发表）。

四

自从1924年国共正式合作、中苏订立友好条约后，马克思主义在中国就广泛地传播起来。工人阶级有了中国共产党的领导，在1925年的"五卅反帝运动"及"省港大罢工"中，均取得了一定的胜利。而国家主义派则组织青年党，并得军阀孙传芳的支持，公开打出专门反对共产党和马克思主义的旗帜，并蓄意要把少年中国学会改变为国家主义的团体，以增厚其向军阀讨价的资本。1925年7月18、19两日，在南京召开第六届年会，出席者共十八人，恽代英、沈泽民同志均出席。第一天开会，即由左舜生、余家菊、陈启天、曾琦提出"本会对于外患与内乱交逼之中国应采取何种方针"的提案，并由左舜生说明旨趣。恽代英同志当时质问提案人有无将本会方针定为国家主义之意，左、余、陈、曾相继发言，表示绝对主张国家主义。于是恽代英同志和沈泽民同志就对他们的主张进行了坚决反击。讨论二小时不决，由主席请各会员提出具体方针以便表决。陈启天提议"根据学会固有的宗旨与历年相传的精神，应将本会方针定为以国家为前提，而反对'反爱国'之行动与言论；对于沪案加以宣言"。恽代英同志将"定为以国家为前提，而反对'反爱国'之行动与言论"修改为"注重民族独立，而反对'反爱国'之行动"。他的主要的理由是：现在国际帝国主义压迫中国，利用军阀制造内乱，若不打倒帝国主义，取消不平等条约，首先恢复民族的独立自主，则所谓国家仍是压迫、欺凌老百姓的工具，我们不应劝人爱这样的国家；至于反对反爱国的行动，实际是反对卖国者卖国。经长时间之讨论，仍以多数通过陈启天的提案。恽代英同志在这次会上还曾提议对时局发表宣言（主要为五卅反帝运动），结果也被否决。

国家主义派在方针案得到胜利后，乃进一步谋将学会改组为国家主义的机构而提出改组案。我们"中间派"虽然不认识马克思主义，但很尊重会员中共产党员的艰苦奋斗的精神；对于国家主义派，固然不赞同他们的理论，尤其不满意于他们依附军阀（学会有一条传统是不依赖旧势力）。当时看到学会即将被国家主义派所完全控制而心有未甘，于是由黄仲苏提议组织改组委员会，选委员五人，付与全权改组学会。恽代英同志完全赞成，并投票选举。委员会成立之后，曾向会员九十余人寄发调查表，但收回者只三分之一，且意见分歧，无法改组。于是少年中国学会的活动到第六届年会就停止了。

第六届年会与其他各届年会有一个不同的特点，就是在会议期间会员假东南大学大礼堂讲演。7月17日下午七时，余家菊讲"国家主义教育之意义"，听者寥寥。19日下午七时半，恽代英同志讲"五卅运动"，历时二小时半，听者挤满礼堂。20日下午八时曾琦讲"国家主义与全民革命"，因他说全民只有二万万男子，女子不算在内，当时有女同学登台质问，听者一哄而散。于此也可以证明当时青年心理的趋向。

恽代英同志讲演所以受到青年们的欢迎，主要由于他对当时形势分析透彻，切合青年要求；其次是他善于说理，每句话都有说服力。7月17日离五卅惨案不过五十天，在这五十天中，中国反帝的民族运动已由局部发展到全国。这时坚持奋斗的是工人、学生和中小商人。那些大商人、绅士、学者之流的所谓高等华人，则主张"速了"和"缩小范围"。军阀则勾结英日帝国主义者向民众进攻。帝国主义方面，日本主张把他们在青岛、上海的日本纱厂中摧残工会、打杀工人的事，单独作法律案调解，而把一切政治责任推到英国身上；同时，却又和英国互相勾结，异口同声地把"五卅事件"说成是"赤化"，是"苏俄阴谋"。美帝国主义者则主张在中国召集所谓第二次"华盛顿会议"，用"取消领事裁判权"作为讨好中国人民的诱饵，从而扩大其侵略势力。代英同志在分析了这些情况之后，进而对帝国主义者所诬蔑我们的"排外""赤化""亲俄"等作了正确的解释。他指出，凡属专以政治、经济、文化侵略压迫、欺骗中国人民的帝国主义者，我们一定要排斥他们出中国；我们要达到真正的平等自由，就只有赤化的流血革命方能成功；至于苏俄去年和我国订立友好协定，解决悬案，是惟一的以平等待我的国家，而且它也受着帝国主义的压迫，我们为什么不应与之结成防御敌人的统一战线呢？最后他提出全国各界应组织统一领导机关，坚持用政治解决，即宣告废除一切不平等条约、取消思想上奴役中国青年的教会教育，并号召青年把反对上海五卅事件的运动变成为全国民众长期与帝国主义斗争的运动，要严防帝国主义及其走狗的造谣、诬蔑和阴谋。

他这次讲演赢得广大青年学生的同情和热烈鼓掌。我当时参加听众行列，深受感动。讲完后，我上前与他握手道贺，他说："我不过说明一些事实，和群众反对帝国主义应走的道路，以后的具体斗争还多呢，要靠大家努力！"自此而后，我们就没有再见面，也没有再通信。今日回忆起来，他最后的话语以及他的言谈笑貌，还跃然出现在我的脑海中。

1960年